CFO Moderno

Patricia Villas Boas Amaro

CFO Moderno

Pilares da liderança financeira numa perspectiva 360º

BRASPORT

Rio de Janeiro

2024

Editor: Antonio Muniz

Edição e curadoria: Simone Melo

Diagramação: Rinaldo Mickus e Gleyce Roberta

Capa: Rinaldo Mickus

Dados Internacionais de Catalogação na Publicação (CIP)
(Câmara Brasileira do Livro, SP, Brasil)

Amaro, Patricia Villas Boas
CFO moderno : pilares da liderança financeira
numa perspectiva 360° / Patricia Villas Boas
Amaro. -- 1. ed. -- Rio de Janeiro :
Brasport Livros e Multimídia, 2024.

Bibliografia.
ISBN 978-65-6096-024-4

1. Automação - Aspectos econômicos 2. Contabilidade 3. Finanças - Administração
4. Inteligência artificial 5. Liderança 6. Planejamento estratégico 7. Tomada de decisões
I. Título.

24-221778 CDD-657.48

Índices para catálogo sistemático:

1. Contabilidade financeira : Empresas :
Administração 657.48

Aline Graziele Benitez - Bibliotecária - CRB-1/3129

BRASPORT Livros e Multimídia Ltda.

Rua Washington Luís, 9, sobreloja – Centro

20230-900 Rio de Janeiro-RJ

Tel./Fax: (21) 2568 – 1415

e-mails: marketing@brasport.com.br

vendas@brasport.com.br

editorial@brasport.com.br

www.brasport.com.br

DEDICATÓRIA

Minha jornada até aqui só foi possível pela minha família, meu porto seguro que me inspira, Marco meu marido que me apoia e torna cada conquista ainda mais significativa e meu filho Pietro que é a minha inspiração para um futuro cada vez melhor. É por vocês que encontro um propósito maior em cada passo do meu caminho.

AGRADECIMENTOS

Gostaria de expressar minha profunda gratidão a todos que contribuíram direta ou indiretamente para a realização deste livro. Isso inclui colegas que encontrei ao longo de minha trajetória profissional, que ajudaram a formar a CFO, líder e gestora que me tornei.

Agradeço à minha família pelo apoio incondicional, aos amigos pela inspiração constante, aos atuais colegas de trabalho pelo incentivo, e a todas as mulheres incríveis que admiro e que me fazem acreditar que tudo é possível.

Começo com a inspiradora Ingrid Barth, que me honrou ao escrever o prefácio. Tenho uma enorme admiração pela sua trajetória de mais de 20 anos em instituições financeiras, marcada por um grande envolvimento com tecnologia, inovação e pelo seu espírito empreendedor. É um orgulho contar com a sua participação!

Um agradecimento especial aos convidados que embarcaram nesta jornada comigo, dedicando-se e tornando este projeto possível com suas valiosas e inspiradoras contribuições.

Antonio Nuno Verças, meu amigo e mentor, meu gestor por anos, que me fez acreditar que eu poderia ser uma profissional de finanças e me treinou para ser uma CFO. Sem você, nada disso seria possível.

Aline Guimarães Baldin Senefonte, uma jovem inteligente e ambiciosa que me lembra de quando eu sonhava com a cadeira de CFO. Hoje, me orgulho de ser sua mentora e de tê-la como meu braço direito na missão de ver cada vez mais mulheres em cargos de liderança. Você me orgulha e ainda vai longe!

Stânia Moraes, uma amiga e CFO admirável, que me ensina diariamente o valor da sororidade e a importância genuína dessa rede de apoio entre nós mulheres.

Maria Inês Vicente F. Pastori, com quem aprendo diariamente sobre os desafios da leitura e do desenvolvimento humano. Seu trabalho excepcional com pessoas é uma inspiração.

Alessandra Hazl Dambock, minha amiga pessoal com quem cresci na carreira. Sua competência, propriedade e profundidade ao abordar temas me enchem de orgulho. É um privilégio ter você sempre por perto.

Por fim, meu atual gestor Arno Schwarz, que aceitou o convite e honrou este projeto com sua visão transformadora.

Um carinhoso agradecimento às super mulheres Priscilla Mistura Lopez, Magali Leite, Annali Duarte Bittencourt, Carolina Verginelli e Alessandra Segatelli, que me inspiram e me ensinam diariamente o poder da sororidade, fazendo-me acreditar que o céu é o nosso limite. Obrigada por mensagens tão valiosas.

Na jornada deste livro, contei com Bruno Jardim e Antonio Muniz, que me serviram como base para pesquisa, reflexão e construção. Além disso, quero expressar minha enorme admiração e gratidão a Fernando Barrichello, meu atual colega de trabalho, cuja colaboração foi inestimável.

Muito obrigada a todos!

APRESENTAÇÃO

Este livro aborda a carreira e os desafios de um CFO da atualidade, além de reflexões sobre temas relevantes para o CFO do futuro, com viés na modernidade.

Durante minha jornada, estudei bastante e tive ótimos mentores, mas muitas lições aprendi na prática, compreendendo-as ao longo da minha carreira. Neste livro, compartilho um pouco desses 26 anos de aprendizado, que se consolidam em pilares essenciais para uma liderança financeira. Incluo, ainda, reflexões sobre a modernidade, destacando o uso da inovação e da tecnologia como grandes aliados.

Valorizo profundamente o desenvolvimento humano e a importância de ser um bom gestor. Com muito orgulho, convido o gestor que me formou como CFO para compartilhar sua experiência e como é ser gerido por mim, uma CFO do mercado financeiro.

Aprofundar-se nos pontos-chave da minha formação como CFO e compartilhar como aplico esse aprendizado com minha equipe é, acredito, um conteúdo repleto de reflexões valiosas para quem aspira ocupar essa posição no futuro.

O livro aborda os pilares de Estratégia, Controle, Pessoas e Inovação, essenciais no papel de um CFO, sob a ótica financeira. Esses temas são aprofundados por especialistas convidados que trazem conteúdos complementares de grande valor.

Por fim, não se trata de um livro exclusivamente para mulheres, embora minha motivação para escrevê-lo esteja relacionada ao meu propósito de contribuir cada vez mais para o desenvolvimento de pessoas, especialmente para direcionar e inspirar outras mulheres.

PREFÁCIO

Vivemos em uma era de profundas transformações no cenário financeiro, onde a integração entre conhecimento técnico, habilidades interpessoais e adaptabilidade se torna cada vez mais crucial. É com imensa satisfação que apresento a vocês "CFO Moderno", um guia essencial para todos aqueles que aspiram a uma carreira impactante e significativa nas finanças. Patricia, a autora deste imprescindível livro, nos convida a explorar a essência e os desafios intrínsecos ao papel de um Chief Financial Officer (CFO) na modernidade, sempre com um olhar atento à colaboração, à diversidade e a uma abordagem holística.

O livro é meticulosamente dividido em algumas partes, cada uma concebida para oferecer uma jornada educacional completa e enriquecedora.

Iniciamos pela narrativa pessoal de Patricia, que compartilha conosco sua trajetória no mundo financeiro. Esta parte não apenas nos revela os bastidores de sua própria ascensão, como enfatiza a importância das relações interpessoais e a necessidade de uma visão estratégica apurada para quem ocupa a posição de CFO.

Adentrando mais profundamente nas atribuições do CFO moderno, desvendamos os maiores desafios enfrentados na atualidade. Estratégia, controle, gestão de pessoas e inovação são dissecados e apresentados com a clareza e rigor que só alguém com vasta experiência pode oferecer.

Um dos grandes pontos altos deste livro é a diversidade de perspectivas trazidas por profissionais de renome. Em relatos envolventes, aprendemos sobre a influência do gestor no desenvolvimento do CFO, o impacto transformador de uma CFO inspiradora e temas vitais como sororidade financeira, gestão humanizada e diversidade. Não menos importante, essa parte também lança luz sobre como os CEOs enxergam a transformação financeira.

Finalmente, a autora nos convida a refletir sobre o papel do CFO na era contemporânea. São oferecidas perspectivas e conclusões que sintetizam as responsabilidades e os novos desafios, sempre à luz das tendências que moldam o futuro das finanças corporativas.

A autenticidade de Patricia, aliada ao seu vasto conhecimento, faz deste livro uma leitura imprescindível para qualquer um que deseja compreender o atual panorama e as tendências futuras da carreira de CFO. A cada página, somos instigados a refletir, a crescer e a nos transformar, em sintonia com os valores de colaboração e diversidade que permeiam este trabalho.

É um privilégio raro encontrar um material tão abrangente e inspirador, capaz de guiar tanto os iniciantes quanto os profissionais experientes em sua caminhada na carreira financeira. Convido, portanto, você, leitor, a mergulhar nesta leitura transformadora e descobrir o que realmente significa ser um CFO moderno.

Patricia nos presenteia com seu conhecimento, mostrando que o sucesso na carreira financeira requer muito mais do que habilidades técnicas. Requer visão estratégica, capacidade de gestão e, acima de tudo, uma mente aberta às inovações e as mudanças que definem nossos tempos.

Boa leitura!

São Paulo, Junho de 2024

Ingrid Barth

Founder at Linker (Exit Omie) - Linkedin Top Voice

SUMÁRIO

Parte 1

Jornada da carreira

“Seja protagonista da sua vida.”

CAPÍTULO 1

Minha história

Nascida em São Paulo, mesmo com pais em áreas totalmente distintas do mundo corporativo, cultivei uma determinação firme, confiança em minhas escolhas e uma energia inspiradora. Desde jovem, almejava um futuro executivo e expressava o desejo de recriar um ambiente de escritório em minhas brincadeiras.

Aos 17 anos, diante de uma escolha decisiva, assim como muitos jovens, tive que definir a faculdade que daria forma à minha vida. Ainda considero essa idade precoce para determinar algo de tamanho impacto. Escolhi cursar Direito e, já no primeiro ano, busquei estágios para compreender a profissão na prática. Logo percebi a necessidade de outras experiências, marcando o início efetivo de minha trajetória profissional.

Enquanto ainda estava na faculdade, fui selecionada após um rigoroso processo seletivo para trabalhar como trainee da área tributária na Deloitte, uma das principais empresas de auditoria do mundo. Completando uma pós-graduação em Direito Tributário, tracei minha jornada por renomadas instituições financeiras, como American Express e Bradesco.

Minha jornada me conduziu por um longo percurso até finalmente descobrir minha paixão pelo universo financeiro. Acredito na capacidade de reinvenção contínua e que decisões passadas não devem obstruir nossa intuição e vocação. Ao me aprofundar em planejamentos estratégicos e tributários, senti a urgência de expandir meu conhecimento, levando à decisão de cursar um MBA em Finanças pelo INSPER, etapa que considero fundamental para meu desenvolvimento profissional.

Minha carreira foi moldada gradualmente, guiada pelo que realmente me inspirava e pelo valor que agregava pela jornada de cada etapa. Encarei a remuneração como uma consequência natural, não como objetivo principal. Superei múltiplos desafios para progredir no cenário profissional e, em 2010, durante minha licença-maternidade, recebi um convite para integrar a equipe de Finanças do Banco Cetelem, uma empresa do grupo europeu BNP Paribas, um dos maiores da região.

Apesar de historicamente o setor financeiro ser dominado por homens e da participação feminina em cargos executivos ser reduzida, nunca me senti intimidada por essa realidade. Nos últimos anos, temos testemunhado mudanças nesse cenário, porém, ainda de forma gradual e lenta.

Quando entrei para o Banco Cetelem, assumi o cargo de gerente responsável pela área fiscal e tributária. Com o processo de aquisição de um novo banco pelo grupo, identifiquei diversas oportunidades e, em pouco tempo, fui promovida a Superintendente Tributária, e posteriormente, a Controller.

Em apenas alguns anos, alcancei a posição de CFO (Chief Financial Officer) do Banco Cetelem no Brasil e, em menos de dois anos, fui honrada com o convite para assumir o papel de CFO da América Latina, integrando um seleto grupo de executivos sêniores do Grupo. Tornar-me a primeira mulher a ocupar essa posição regional, sendo responsável financeira por três países - Brasil, México e Argentina - com reporte direto ao CEO da América Latina e ao CFO global, ambos membros do Comitê Executivo Global do Banco BNP Paribas Personal Finance, representou um marco em minha jornada profissional.

Essa promoção foi possível com o apoio do meu gestor na época, que me incentivou e orientou. Ele viria a se tornar o CEO do Banco Cetelem no Brasil, Antônio Nuno Verças, que inclusive contribui com um capítulo especial neste livro sobre "A Influência do Gestor no Desenvolvimento e na Preparação de um CFO Excepcional". Ele reconheceu meu interesse e afinidade com questões financeiras, questionando sobre meus planos de carreira quando eu ainda pensava que minhas habilidades estavam limitadas apenas à área tributária.

Durante minha jornada, busquei constantemente o aprimoramento por meio de cursos, treinamentos e orientações, desenvolvendo habilidades de comunicação executiva, liderança e influência. No entanto, a construção de um estilo próprio também foi crucial, e posso afirmar com confiança que sou autêntica. Apesar das adversidades, enfrentei inúmeros desafios, especialmente como mulher em um ambiente predominantemente masculino.

Para mim, não existem barreiras insuperáveis ou paradigmas impossíveis de transpor. Quando temos paixão pelo que fazemos, com dedicação e determinação, todas as coisas se tornam possíveis, e os resultados fluem naturalmente. Essa tem sido sempre minha abordagem tanto na vida profissional quanto na pessoal. Casamento e maternidade nunca foram obstáculos para minhas conquistas e escolhas profissionais.

Com a descoberta da minha paixão por finanças - que vou contar um pouco mais ao decorrer do livro, fiz um MBA em finanças pelo INSPER e construí uma vasta experiência em posições de responsabilidade, no BNP Paribas, no grupo Marsh McLennan, uma rápida passagem em uma Startup Fintech para vivenciar na prática a minha Certificação de Conselheira de Inovação pela GoNew e hoje atuo como CFO do Banco Fibra e Presidente do Comitê de Auditoria onde coloco em prática toda essa experiência e aprendizado.

Minha trajetória foi marcada por erros e acertos, aprendizados e decisões desafiadoras. Contei com o apoio de indivíduos notáveis que me impulsionaram em direção ao progresso. Ao longo dos meus 24 anos de carreira, vivenciei momentos de felicidade e enfrentei desafios. Neste livro, destaco temas relevantes e memoráveis para mim como mulher e profissional, na esperança sincera de inspirar e estimular reflexões do que acredito serem pilares para uma carreira financeira e no papel de um CFO com a visão complementar de alguns convidados que tenho enorme admiração.

Além disso, atualmente sou Conselheira Fiscal do Instituto CEO do Futuro, membro do W-CFO Brasil, um grupo de apoio de mulheres CFOs onde exerço mentoria para mulheres em cargos gerenciais assumirem cadeiras executivas em finanças e também sou mentora no Projeto Nós por Elas do Instituto Vasselo Goldoni, além de outros trabalhos participo do Grupo IBEF – Instituto Brasileiro de Executivos Financeiros.

Fora do âmbito profissional, desfruto de momentos de viagens em família e na companhia de amigos, destacando um aspecto igualmente valioso de minha vida.

“Tenha sempre a família e pessoas que você admira por perto.”

CAPÍTULO 2

A importância da família e o poder das pessoas inspiradoras

Apesar dos avanços na igualdade de gênero no ambiente profissional, ainda há muito que se falar e transformar.

Entrei no Banco Cetelem logo após minha licença-maternidade, quando meu filho tinha apenas seis meses. Naquela época, aceitei uma oferta do Grupo BNP Paribas e tracei uma trajetória profissional notável. Enfrentei desafios significativos e tomei decisões difíceis. Exercer um cargo executivo na área financeira não é fácil para uma mulher. Enfrentei obstáculos, desafios e armadilhas em minha trajetória profissional e pessoal. No entanto, mantive minha autenticidade e não cedi às pressões externas. Minha independência e determinação me levaram a perseguir meus objetivos incansavelmente.

Lembro-me de experiências positivas, como quando trabalhei com Antônio Nuno Verças no Banco Cetelem. Mesmo sendo a única mulher em um grupo de homens, ele tratou todos com igualdade e incentivou meu crescimento. Sua liderança refletia a importância da igualdade de oportunidades e questões de gênero, e isso me ajudou a desenvolver habilidades essenciais para uma trajetória executiva.

Claro, enfrentei muitos desafios, mas acredito firmemente que o amor pelo que faço, a dedicação e a disciplina valem a pena. Mantenho meus valores de transparência, honestidade e integridade, e devido aos preconceitos que encontrei, sinto a necessidade de promover mudanças para todas as mulheres.

E não poderia deixar de mencionar o pilar mais importante na minha vida que me motiva e dá força diariamente em todos os meus desafios, minha família. Meu marido sempre foi solidário e apoia todas as minhas decisões. Desde o nascimento de nosso filho, ele se mostrou um pai exemplar, ativo e presente em todas as tarefas, reconhecendo sua parcela de responsabilidade. Essa parceria demonstra para mim a verdadeira igualdade. Acredito que todas as famílias devem repensar a criação de seus filhos para romper com os padrões tradicionais de gênero, moldando assim uma sociedade mais justa e cheia de oportunidades no futuro.

Ao longo de minha jornada, colaborei com pessoas de diferentes culturas e experiências, e muitas delas me inspiraram e desafiaram. Acredito que ter objetivos claros é essencial para enfrentar questões complexas na carreira de uma mulher. À medida que alcancei posições mais elevadas, percebi que ainda estamos em um processo de transformação em busca de igualdade de oportunidades entre gêneros.

A conscientização sobre o valor da diversidade nos negócios é crucial, e acredito que as empresas que não a compreendem estão destinadas a um futuro incerto. É hora de preparar as empresas para integrar a diversidade em suas estratégias.

Acredito firmemente no poder das mulheres e na energia que possuímos. A coragem é essencial para tomar decisões difíceis, mas afirmo que o esforço vale a pena. Ao traçar objetivos e manter a determinação, é possível canalizar essa energia na direção desejada, com sororidade e apoio entre as mulheres conseguimos traçar uma nova trajetória fundamental para o presente e o futuro.

Nesse contexto, trago mensagens de mulheres incríveis, de sucesso, com carreiras notáveis, mães e que também tiveram jornadas de carreiras desafiadoras. Mulheres que me inspiram e fazem acreditar diariamente na importância da sororidade.

"Na minha jornada tive a sorte de poder encontrar pessoas que, compartilhando seu conhecimento, tempo, atenção, carinho, feedbacks, moldaram a profissional que me tornei. São mais de 30 anos de muitas histórias e de muita, muita gente bacana, que ao longo deste tempo, permitiu que eu aprendesse – no amor e às vezes na dor, o que é preciso para ser uma profissional melhor, uma pessoa melhor. Sigo aprendendo a cada encontro e a troca, e hoje procuro retribuir e fazer por outras pessoas aquilo que fizeram por mim."

Priscilla Lopez – executiva com mais de 30 anos de carreira em bancos nas áreas de Relações com Investidores, Captação de Recursos, Comércio Exterior e Tesouraria, e atuação tanto no mercado local quanto no mercado externo.

—

"A jornada feminina, em cargos de liderança, tem sido uma conquista longa e complexa, mas a tendência é claramente positiva e tem se privilegiado, entre outras estratégias, da atitude de profissionais pioneiras, que servem como referência e como facilitadoras das mulheres ainda em busca do seu espaço. Um dos maiores desafios dessa dinâmica consiste em sensibilizar cada uma de nós com relação ao nosso propósito e responsabilidade social em relação às demais. Sendo assim, o sucesso da equidade de gênero nesta e nas próximas gerações, depende essencialmente de abraçarmos essa causa como parte essencial da nossa missão."

Magali Leite - Presidente da Diretoria Executiva do Ibef-SP | CFO e DRI da Espaçolaser.

—

"Ao longo da minha carreira de 35 anos de mercado financeiro, tive que desenvolver resiliência e muita coragem para encarar novos desafios. Tive a oportunidade de passar por diversas organizações com diferentes culturas, o que me ajudou muito a ter jogo de cintura e aprender com as dificuldades, afinal não é na zona de conforto que crescemos. Amo o que faço e hoje tento unir propósito ao negócio. Ter uma agenda de Diversidade e Inclusão nas minhas iniciativas é minha maior paixão, além de apoiar, orientar e guiar os mais jovens nessa jornada. E o mínimo que posso fazer para retribuir com gratidão e amor tudo que construí na minha trajetória."

Annali Duarte Bittencourt – Diretora Geral de Global Transaction Services (GTS) do Bank of America para América Latina, responsável pela estratégia de crescimento de produtos como cash management, Trade e FX Payments. Com mais de 35 anos de experiência no mercado financeiro, ela é Líder de Diversidade e Inclusão na América Latina no banco. Faz parte do Board de D&I Global do Bank of America e em outras associação de bancos e organizações filantrópicas.

—

"Em minha jornada como executiva, eu vivi na pele a frase "uma sobe e puxa a outra", apesar de jargão, visto que precisamos umas das outras para crescer e evoluir. Fui beneficiada por mulheres (e também homens) incríveis que me apoiaram, me incentivaram e me desafiaram a ser melhor. E hoje, sinto a responsabilidade e o desejo de retribuir esse apoio, de estender a mão para outras mulheres e ajudá-las a alcançarem seus objetivos. A diversidade, incluindo a de gênero, na liderança das empresas é essencial para o sucesso organizacional, além de, obviamente, ser o certo a fazer. A pluralidade de perspectivas e experiências enriquece as decisões e impulsiona a inovação. Juntas, somos imparáveis."

Carolina Verginelli – sócia de consultoria tributária, com mais de 25 anos de experiência.

—

"Atuo na área financeira há mais de 20 anos e acredito que a educação e o apoio das pessoas foram cruciais para meu sucesso. Considero essa combinação como uma "fórmula" ideal, porque a educação é a base da transformação e potencializa nossa capacidade individual mas é no apoio que recebemos dos líderes, colegas, time, familiares que a evolução acontece, pois quando temos pessoas que acreditam em nosso potencial despertam nossa melhor versão, e consigo identificar isso em muitos momentos em minha trajetória. Essas experiências me motivam a apoiar as próximas gerações, especialmente mulheres, para promover diversidade e equidade no mundo corporativo. Esse é o maior legado que podemos deixar."

Alessandra Segatelli - Mestre em Controladoria, formada em Administração, Economia e Ciências Contábeis. Diretora Financeira para a América Latina do Grupo Natura & Co e Professora de Finanças no CCSA da Universidade Presbiteriana Mackenzie.

“Características e perfis que moldam a cadeira de um CFO.”

CAPÍTULO 3

Como eu vejo a cadeira do CFO

A cadeira do CFO exige um conjunto diversificado de habilidades, incluindo visão estratégica, conhecimento financeiro sólido, habilidades de liderança e inovação.

O CFO desempenha um papel fundamental na formulação e execução da estratégia corporativa, trabalhando em estreita colaboração com o CEO, o CFO ajuda a identificar oportunidades, avaliar riscos, tomar decisões informadas e alocar recursos com eficiência. Isso exige uma compreensão profunda dos números, mas também uma visão estratégica que oriente a empresa na direção certa.

Um estudo da IBM com 2.000 líderes de alta liderança, descobriu que para 57% dos CEOs, o papel mais crucial para a companhia nos próximos 3 anos é o do CFO[1], que equipados com conhecimentos e frameworks práticos para o dia a dia, são capazes de entregar resultados confiáveis mesmo lidando com um ambiente volátil. Em um mundo empresarial em constante evolução, o papel do CFO é de extrema importância.

Pesquisas recentes reforçam que o atual CFO não é apenas um contador de números, mas sim um estrategista financeiro que desempenha um papel vital na orientação e no sucesso a longo prazo da empresa. Sua influência se estende por toda a organização, moldando estratégias, protegendo recursos e impulsionando a inovação.

[1] **G4 EDUCAÇÃO**. Funções de um CFO. Disponível em: https://g4educacao.com/portal/o-que-faz-um-cfo/.

A Importância da Diversidade no Comitê Executivo e o Desafio da Segmentação de Gênero na Posição de CFO

A liderança empresarial é como uma orquestra, onde cada membro desempenha um papel fundamental na harmonia do conjunto. No entanto, a diversidade é a peça-chave que confere profundidade, perspectivas variadas e ressonância às decisões tomadas nos níveis mais altos da hierarquia corporativa.

Na minha opinião, o Comitê Executivo, incluindo o CEO e o CFO, deve ser um reflexo dessa diversidade para garantir que as estratégias adotadas pela empresa sejam abrangentes e representativas de todos os interessados.

Uma pesquisa do INSPER sobre CFOs, revelou uma realidade preocupante em relação à segmentação de gênero nessa função. A maioria dos CFOs pesquisados se identificou como do gênero masculino, com uma taxa de 87%. Isso reflete uma tendência observada em todo o mundo, onde os cargos de liderança financeira ainda são predominantemente ocupados por homens. Essa disparidade de gênero é uma questão que merece atenção urgente, pois pode limitar a diversidade de perspectivas e experiências nas decisões estratégicas das empresas[2].

A importância da diversidade de gênero no Comitê Executivo não pode ser subestimada. Quando um grupo de líderes é homogêneo em termos de gênero, raça, origens e experiências, corre-se o risco de tomar decisões limitadas e desconsiderar pontos de vista cruciais. A diversidade de gênero traz diferentes modos de pensar e abordagens para resolução de problemas, enriquecendo o processo de tomada de decisão.

Essa pesquisa destacou que apenas 37% dos cargos de liderança no Brasil eram ocupados por profissionais que se identificavam como do gênero feminino. Essa disparidade é um reflexo da desigualdade de gênero persistente em nossa sociedade, que se reflete na composição dos Comitês Executivos das empresas.

[2] **INSPER**. Estudo sobre a demografia dos CFOs no Brasil. Disponível em: https://www.insper.edu.br/pt/noticias/2023/8/80--dos-cfos-que-atuam-no-brasil-tem-pos-graduacao/.

Para que essa realidade mude, é necessário um esforço conjunto das organizações, governos e sociedade em geral para promover a igualdade de oportunidades e eliminar os obstáculos que impedem as mulheres de alcançar cargos de liderança.

Entendo ser crucial a diversidade no Comitê Executivo, incluindo a posição de CFO, para o sucesso e a sustentabilidade das empresas. A inclusão de diferentes perspectivas, incluindo as de gênero, raça e origens diversas, enriquece as discussões estratégicas e fortalece a tomada de decisões. A segmentação de gênero na posição de CFO, como revelada pela pesquisa do INSPER, é um desafio que precisa ser enfrentado com determinação e comprometimento para construir uma liderança verdadeiramente diversificada e representativa em nossas empresas.

Os Diferentes Perfis de CFO

De acordo com um estudo realizado pela consultoria McKinsey (01/01/2013)[3], que analisou 100 empresas, emergiram quatro perfis distintos de CFO, cada um deles alinhado com diferentes prioridades e desafios empresariais. São eles: Especialista, Generalista, Líder de Desempenho e Campeão de Crescimento.

1. Especialista

O CFO especialista é aquele que se destaca por sua profunda expertise em finanças e contabilidade. Ele é o guardião dos números da empresa, assegurando a precisão e a conformidade das demonstrações financeiras. Este perfil é essencial para empresas que enfrentam desafios financeiros significativos, como reestruturações ou questões regulatórias complexas.

2. Generalista

O CFO generalista é um líder financeiro versátil, com habilidades que vão além das finanças tradicionais. Ele é capaz de liderar com

[3] **MCKINSEY**. Perfis de CFOs: Especialista, Generalista, Líder de Desempenho e Campeão de Crescimento. Disponível em: https://www.mckinsey.com/capabilities/strategy-and-corporate-finance/our-insights/todays-cfo-which-profile-best-suits-your-company/.

sucesso em uma variedade de áreas, incluindo estratégia, operações e tecnologia. Esse perfil é valioso para empresas que buscam uma liderança financeira que possa contribuir ativamente para a formulação e execução da estratégia de negócios.

3. Líder de Desempenho

O CFO líder de desempenho é focado em impulsionar resultados financeiros sólidos e sustentáveis. Ele é um mestre em alocação de recursos e eficiência operacional. Sua ênfase está em otimizar os processos internos e melhorar a rentabilidade da empresa. Esse perfil é altamente procurado por empresas que buscam melhorar a eficiência e maximizar os lucros.

4. Campeão de Crescimento

O CFO campeão de crescimento é orientado para a expansão e o desenvolvimento estratégico. Ele busca oportunidades de crescimento, seja por meio de fusões e aquisições, expansão geográfica ou desenvolvimento de novos produtos e mercados. Sua habilidade em identificar oportunidades de crescimento e alocar recursos de forma eficaz é fundamental para empresas que buscam se expandir rapidamente.

O fato é que cada perfil de CFO desempenha um papel específico nas empresas, adaptando-se às suas necessidades empresariais. A escolha do perfil certo depende da estratégia e dos objetivos da empresa em um determinado momento.

Os quatro perfis de CFO - Especialista, Generalista, Líder de Desempenho e Campeão de Crescimento - oferecem uma visão abrangente das diferentes habilidades e abordagens que um CFO pode adotar, no entanto, vejo o CFO moderno sendo um equilíbrio desses perfis, incorporando um pouco de tudo para desempenhar de forma eficaz seu papel na liderança executiva.

O CFO Moderno: Um Equilíbrio de Competências e Quatro Pilares Fundamentais

Para que um CFO moderno seja eficaz, na minha visão ele precisa basear suas ações em quatro pilares fundamentais: estratégia, controle, pessoas e inovação.

Estratégia: O CFO deve ser um parceiro estratégico do CEO e da equipe executiva. Ele deve ter a capacidade de compreender a visão de longo prazo da empresa e traduzi-la em planos financeiros concretos. Isso envolve a identificação de oportunidades de crescimento, alocação de recursos estratégicos e análise de riscos, além de conseguir transmitir ao mercado todos os resultados de forma transparente e em linguagem de fácil compreensão.

Controle: O CFO deve garantir que os controles financeiros sejam rigorosos e que a conformidade regulatória seja mantida. Isso inclui a supervisão de auditorias, relatórios financeiros precisos e a gestão eficaz de riscos financeiros.

Pessoas: O CFO moderno deve liderar uma equipe diversificada e talentosa. Ele precisa recrutar, desenvolver e reter profissionais financeiros de alto nível. Além disso, ele deve promover uma cultura organizacional que valoriza a inclusão e a diversidade.

Inovação: A inovação não se limita à tecnologia; também se aplica aos processos financeiros e estratégias de negócios. O CFO deve estar atento às oportunidades de melhorar a eficiência operacional, reduzir custos e impulsionar a inovação financeira.

O CFO moderno é um líder versátil que equilibra diferentes perfis de competências para atender às necessidades da empresa. Além disso, ele entende que a diversidade e inclusão são essenciais para o sucesso organizacional. Seu papel é fundamentado nos quatro pilares essenciais: estratégia, controle, pessoas e inovação.

Ao abraçar esses princípios, o CFO está preparado para enfrentar os desafios complexos e aproveitar as oportunidades do mundo empresarial atual em constante evolução.

Parte 2

Principais desafios da cadeira do CFO em quatro pilares

“

Estabeleça alianças com seus pares, tenha influência e seja não apenas um guardião das finanças, mas um líder!

”

CAPÍTULO 4

Estratégia: influência da alta liderança, parcerias, o futuro com base em dados e governança

Em minha jornada como CFO, aprendi que a estratégia financeira de uma organização é como um quebra-cabeça complexo, composto por peças interconectadas que incluem a influência da alta liderança, parcerias sólidas e tomadas de decisão orientadas por dados.

Neste capítulo, vamos explorar como esses elementos se entrelaçam para moldar o futuro financeiro de uma empresa.

A Importância da influência da alta liderança

A influência da alta liderança é o alicerce da estratégia financeira de sucesso. Quando a liderança está comprometida com a responsabilidade e eficiência financeira, isso cria uma cultura organizacional, que influencia e inspira os funcionários em todos os níveis a entenderem a importância de suas ações para o desempenho da empresa.

Líderes que valorizam a responsabilidade financeira em todos os níveis da organização, criam uma cultura financeira sólida, impulsionam o desempenho e atraem o apoio necessário para o crescimento e a sustentabilidade a longo prazo. Essa influência vai além dos números e se traduz em resultados tangíveis que impactam positivamente o futuro da organização.

A influência da alta gestão desempenha um papel crucial na moldagem do CFO moderno. Ter coerência, ética e uma cultura alinhada com os valores da empresa são essenciais para desenvolver um executivo preparado para os desafios do mundo contemporâneo.

Quando falamos de coerência no contexto da gestão financeira, nos referimos à capacidade de manter uma conexão lógica e consistente entre os diversos elementos no processo de desenvolvimento, isso é fundamental para o CFO moderno. A alta gestão desempenha um papel vital ao estabelecer metas e diretrizes claras, assegurando que todos na organização trabalhem na mesma direção. Ter objetivos coerentes e uma visão compartilhada é o alicerce sobre o qual um executivo financeiro se constrói.

A ética é um pilar inegociável para qualquer CFO. O compromisso com a integridade e a responsabilidade financeira é essencial. Isso promove a confiança entre os stakeholders e auxilia na mitigação de riscos financeiros.

Quando a alta gestão demonstra um compromisso sólido com a ética, ela estabelece um exemplo poderoso para toda a organização. Essa cultura ética começa no topo e permeia todos os níveis da empresa.

Uma governança sólida e a aderência às regras estabelecidas pela companhia, sejam elas regulatórias ou políticas internas, complementam esse pilar e a adesão da alta gestão sempre deve vir como exemplo.

Para o CFO moderno, ter uma cultura organizacional alinhada com os valores da empresa é a base sólida para tomar decisões financeiras informadas e estratégicas. A liderança desempenha um papel crítico na definição dessa cultura e na disseminação de um ambiente onde os colaboradores compartilhem os valores e a visão da empresa.

Ao promover a transparência em todas as transações financeiras e na comunicação com todos seus "stakeholders", colaboradores, acionistas, investidores, clientes, fornecedores, órgãos reguladores, etc, a alta gestão demonstra um compromisso com a integridade. Isso, por sua vez, cria um ambiente onde o CFO tem clareza de recomendar as melhores decisões.

Hoje, uma cultura organizacional robusta requer a compreensão e a promoção dos pilares ESG (Environmental, Social and Governance) pela alta gestão. Esses pilares representam critérios relacionados às questões ambientais, sociais e de governança, sendo fundamentais para o sucesso a longo prazo da empresa e a criação de valor sustentável. Eles devem estar alinhados com as práticas financeiras do CFO Moderno.

Vale ressaltar que uma cultura embasada nos pilares de ESG pode impactar positivamente o desempenho financeiro da empresa ao longo do tempo. Isso auxilia a atrair investidores, consumidores, talentos de alta qualidade e ajuda a empresa a enfrentar os desafios de um mundo cada vez mais consciente do meio ambiente e social. Como CFO, você desempenha um papel essencial na condução dessa transformação em direção a uma empresa mais sustentável e responsável. Podemos citar como exemplo: ações como gestão ambiental com sedes e escritórios com fontes de energia sustentáveis, neutralidade de carbono de suas operações, redução de percentual de resíduos, governança transparente, ética e incentivo à diversidade.

Na base do desenvolvimento de um CFO moderno, encontra-se a influência da alta gestão que, juntamente com uma liderança inspiradora, atua como um guia, orientando o caminho em direção à coerência, ética e uma cultura alinhada que impulsiona a inovação, a excelência e o comprometimento da equipe. Um CFO que lidera com inspiração define metas, diretrizes e motiva sua equipe a superar desafios, pois eles sabem que não estão sozinhos na missão. Essa liderança inspiracional cria um ambiente em que cada membro da equipe se sente parte de um todo.

Visão Financeira Abrangente

Uma visão financeira abrangente vai muito além de uma análise superficial dos números financeiros de uma organização. Ela é uma abordagem estratégica que reconhece que a gestão financeira não é apenas uma atividade contábil, mas uma parte fundamental da estratégia de negócios.

Envolve compreender como as decisões presentes impactarão a saúde financeira da empresa a longo prazo. Isso orienta investimentos em tecnologia, desenvolvimento de talentos e o gerenciamento estratégico de riscos, incluindo os riscos de crédito, capital e liquidez. O objetivo é garantir que a empresa esteja preparada para enfrentar os desafios futuros com segurança e resiliência.

Essa gestão promove uma cultura que valoriza a responsabilidade financeira em todos os níveis. Cada membro da equipe é capacitado para entender o impacto financeiro de suas ações e tomar decisões alinhadas com essa visão, criando um ambiente onde todos se veem guardiões dos recursos da empresa.

As estratégias de longo prazo são a peça central na construção do sucesso financeiro de uma organização. Elas se assemelham à montagem de um quebra-cabeça complexo, no qual cada peça representa um elemento fundamental para atingir os objetivos a longo prazo. Assim, como na resolução de um quebra-cabeça, é essencial ter uma visão clara do quadro geral antes de começar a encaixar cada peça.

Para um CFO, essa visão global é refletida pelas metas de longo prazo e pela estratégia financeira da empresa. O processo começa por compreender esses objetivos e estratégias em profundidade por meio de dados e indicadores. Em seguida, identificar as diversas peças que compõem o quebra-cabeça financeiro. Isso envolve avaliar a situação financeira atual, os recursos disponíveis, os riscos associados e as oportunidades, além de considerar possíveis transformações na trajetória.

Uma vez que todas as peças estão em mãos, o CFO deve encaixá-las com precisão, garantindo que cada componente da estratégia se alinhe harmoniosamente com os demais no momento certo, isso envolve a gestão eficaz dos recursos financeiros, a alocação estratégica de capital e liquidez, a análise de riscos e a adaptação constante às mudanças do ambiente de negócios.

Os cenários empresariais são dinâmicos e em constante evolução, influenciados por regulamentações, flutuações de mercado, desafios setoriais e até por mudanças globais. Portanto, montar o quebra-cabeças financeiro pode se tornar uma tarefa mais desafiadora em determinados momentos. Para isso, a execução do plano por parte do CFO demanda habilidade para lidar com inúmeras variáveis, garantindo que todas as peças se encaixem para alcançar o objetivo inicial pretendido.

Um CFO habilidoso é capaz de manter a clareza da visão de longo prazo, mesmo enquanto lida com peças em constante evolução.

A conclusão bem-sucedida desse quebra-cabeça resulta em uma organização financeiramente sólida, capaz de atingir suas metas de longo prazo e enfrentar os desafios do futuro com confiança. A habilidade de montar todas essas peças com maestria é o que distingue um CFO excepcional e contribui para o sucesso duradouro e longevidade da empresa.

Navegando nas Ondas da Incerteza - A Arte de Pilotar o Negócio

Em um mundo de constante mudança, a capacidade de navegar nas ondas da incerteza é crucial. Isso requer agilidade e a disposição de adaptar estratégias à medida que as condições do mercado evoluem.

Quem ocupa a cadeira de CFO, deve buscar dominar três habilidades cruciais: agilidade em tomar decisões, antifragilidade e resiliência.

A agilidade em tomar decisões é essencial, pois o cenário empresarial está em constante evolução. Ser capaz de coletar, analisar e interpretar rapidamente dados financeiros e informações relevantes, permite tomar decisões informadas em tempo hábil, o que é vital para aproveitar oportunidades ou mitigar riscos iminentes.

A antifragilidade é outra habilidade fundamental. Refere-se à capacidade de uma organização ou indivíduo resistir a choques e adversidades, além de prosperar com eles. Em termos financeiros, isso significa criar estruturas e estratégias que não apenas resistem às crises, mas também se beneficiam delas. Um CFO antifrágil compreende a importância de diversificar investimentos, mitigar riscos, ter planos de contingência sólidos e estar preparado para mudanças inesperadas.

A resiliência é mais uma habilidade essencial que envolve a capacidade de se recuperar rapidamente de adversidades e manter a estabilidade em face de desafios. Um CFO resiliente sobrevive às crises e lidera a empresa na busca de soluções e oportunidades. Esta habilidade envolve a capacidade de lidar com o estresse, manter a calma sob pressão e liderar a equipe com confiança durante momentos difíceis.

O CFO Moderno deve ser ágil na tomada de decisões, antifrágil em seu planejamento financeiro e resiliente em face de desafios. Dominar essas habilidades é fundamental para liderar uma organização em um mundo empresarial em constante transformação e garantir um futuro financeiramente sólido e próspero.

O Poder da Colaboração entre a Área Financeira e Comercial

A estratégia da área comercial deve ser definida e alinhada com as projeções de resultados feitas pela área financeira e aprovadas pela alta direção da empresa. Cabe ao time de finanças conhecer profundamente o negócio, seus produtos, perfil de clientes para obter métricas que possibilitem o alcance das metas claras para o crescimento, expansão, receitas, riscos e custos da organização.

Este acompanhamento fará com que os times fiquem mais engajados. Não se trata de uma cobrança crua pelo atingimento da meta, mas sim uma forma de garantir que o objetivo final seja alcançado e alinhado com as ambições e expectativas da liderança. Se alguma variável importante abala uma meta, é necessário revisitar e reformular se for o caso. Esta colaboração entre áreas é fundamental, pois quanto mais informação a área comercial tiver sobre sua performance, melhor será o desempenho da empresa.

Além das metas e alinhamento, existe uma sinergia fundamental entre as áreas Comercial e Finanças na identificação de oportunidades como também potenciais riscos. A área Comercial é um termômetro muito importante para o CFO na execução e elaboração da estratégia da empresa.

Muitas oportunidades advém de dados financeiros em conjunto com os dados da área comercial. Como, por exemplo, saber se temos os produtos adequados para o perfil dos nossos clientes, se tais produtos estão bem precificados, a fim de incorporar custos, riscos, potencial de crescimento setorizados, dentre outros aspectos. Ao identificarmos as características de necessidades por cliente (quanto gera de receita, quais produtos atua, qual setor, região, etc.), nos apropriamos de informações preciosas para maximizar um atendimento mais qualificado e gerar uma gestão mais eficaz e transparente, aos olhos dos colaboradores e da empresa como um todo. Essa estratégia se aplica, também, na implantação de novos produtos, principalmente para mensurar quanto gera de receita e quais investimentos necessários (financeiros, tecnológicos ou humanos).

A verdade é que como CFO, você não pode alcançar o sucesso sozinho nem implementar uma cultura ou estratégia sem aliados. É crucial ter fortes parcerias com todas as outras áreas da empresa, especialmente a área comercial. Afinal, é a área comercial que traz receita para a empresa e o CFO gerencia.

Para construir parcerias fortes com a área comercial, é preciso primeiro entender suas necessidades e objetivos. A área comercial está sempre buscando maneiras de aumentar as vendas e expandir o negócio. Como CFO, cabe apoiá-los nesses esforços e uma maneira de fazer isso é trabalhar em estreita colaboração para desenvolver orçamentos realistas e planos de negócios sólidos. Além disso, o financeiro pode ajudar a tomar decisões informadas, fornecendo análises financeiras detalhadas apontando riscos e oportunidades.

A busca por oportunidades de receita com uma visão voltada para produtos e clientes é um passo fundamental. Isso significa compreender os produtos ou serviços oferecidos e o público-alvo. Isso permite direcionar esforços de vendas de forma mais eficaz, adaptando a oferta de acordo com as necessidades e desejos dos clientes, o que assegura um direcionamento a resultados financeiros sólidos

A otimização para alocação de recursos é outra tarefa importante. Quando há uma compreensão compartilhada dos objetivos financeiros, as equipes podem tomar decisões informadas sobre onde investir recursos financeiros e humanos. Por exemplo, alocar recursos para áreas que demonstram um retorno mais alto sobre o investimento é uma estratégia financeiramente inteligente.

Um CFO moderno deve liderar a definição de prioridades e direcionar os recursos para maximizar o crescimento e a rentabilidade da organização. Isso apoia o cumprimento das metas financeiras e aprimora a eficácia operacional da empresa. Portanto, a integração de estratégias de vendas e metas financeiras desempenham um papel fundamental na criação de uma organização financeiramente saudável e bem-sucedida.

Decisões Orientadas por Dados - A Fórmula do Sucesso Financeiro

Como CFO, entendo profundamente a relação intrínseca entre a arquitetura de dados e a área financeira. A qualidade e a estrutura dos dados são a espinha dorsal da nossa capacidade de planejamento e tomada de decisões assertivas.

Neste contexto, quero enfatizar a importância crítica de possuir uma arquitetura de dados bem estruturada, pois isso é fundamental para que a equipe financeira possa extrair insights valiosos que contribuam para as tomadas de decisão imediatas e impulsione o desenvolvimento estratégico a longo prazo da empresa. Isso independe se estamos falando de uma companhia listada ou não-listada, pequena, média ou grande. Dados históricos são a base para construção de confiança, tanto interna quanto externa.

Para começar, é crucial ter dados históricos disponíveis com um alto nível de granularidade. Essa base de dados robusta facilita a gestão cotidiana da empresa, tornando-se um recurso inestimável para o CEO e o Comitê Executivo ao avaliar e planejar estratégias futuras. Com informações detalhadas, é importante identificar tendências, oportunidades e áreas de melhoria com muito mais clareza. Uma decisão fundamentada em dados enriquece e fortalece qualquer discussão. Ela elimina conjecturas e suposições, substituindo-as por fatos e análises sólidas. Isso aprimora a qualidade das decisões, aumenta a confiabilidade e a transparência em todo o processo de tomada de decisão.

É importante reconhecer que a gestão de uma arquitetura de dados eficaz é um desafio contínuo. À medida que os negócios evoluem e as tecnologias avançam, precisamos estar dispostos a investir na atualização constante dessa infraestrutura. É um investimento que vale a pena, pois permite manter nossa vantagem competitiva e capacidade de adaptação às mudanças do mercado.

Além disso, não podemos subestimar a importância da parceria entre as áreas financeira e de tecnologia. A conexão próxima entre os diretores financeiro e de tecnologia é vital.

Juntos, podemos garantir que a arquitetura de dados esteja alinhada com nossos objetivos financeiros e estratégicos. Essa colaboração permite traduzir as necessidades de negócios em soluções tecnológicas eficazes, reduzir custos e dar mais segurança e escalabilidade aos processos. Sem dúvida as novas tecnologias ajudam a deixar o processo mais fluido e transparente.

A orientação por dados é uma fórmula essencial para o sucesso financeiro. Uma arquitetura de dados sólida, investimentos contínuos e a colaboração próxima entre finanças e tecnologia são pilares que permitem tomar decisões assertivas, objetivando construir um futuro financeiro consolidado e sustentável para a organização. É um compromisso em busca da excelência e da liderança no mundo financeiro.

Os Segredos da Modelagem com KPIs

A modelagem com KPIs é uma ferramenta poderosa que nos permite traçar com precisão os caminhos e prever cenários futuros. Em primeiro lugar, a definição criteriosa de KPIs relevantes é fundamental. Esses indicadores são como bússolas confiáveis, orientando-nos na direção certa.

Ao estabelecer KPIs alinhados com nossas metas financeiras e estratégias, criamos uma base sólida para monitorar o progresso. Eles se tornam faróis que iluminam o caminho, permitindo-nos avaliar rapidamente o desempenho em relação às nossas metas.

A beleza dos KPIs está na sua capacidade de traduzir dados complexos em informações acionáveis. Eles condensam informações financeiras e operacionais em métricas claras e mensuráveis. Isso simplifica a tomada de decisões e facilita a comunicação eficaz em toda a organização. Cada membro da equipe entende como seu trabalho contribui para o alcance desses indicadores-chave, criando um senso de propósito e alinhamento. Ter flexibilidade com os KPIs permite ajustar estratégias, conforme necessário e à medida que as circunstâncias evoluem. A capacidade de identificar desvios em tempo real e responder prontamente é um diferencial significativo. Isso permite ser ágil em um mundo empresarial em constante mudança, onde a capacidade de adaptação é a chave para o sucesso.

Além disso, a modelagem com KPIs ajuda a antecipar cenários futuros, como por exemplo: criar modelos preditivos que explorem diferentes estratégias e suas implicações financeiras. Esses modelos ajudam a tomar decisões informadas e a identificar potenciais desafios antes que eles se materializem, permitindo agir preventivamente.

Com KPIs bem definidos e uma abordagem centrada em dados, estamos equipados para moldar o futuro financeiro com destreza e excelência.

Comunicação e Relações com Acionistas, Investidores e Reguladores

O CFO desempenha um papel fundamental na comunicação transparente e eficaz das informações financeiras da empresa. Como responsável pelas finanças e balanço da companhia, isso inclui a apresentação de relatórios financeiros de fácil compreensão, que destaquem resultados, como de sucesso e eventuais desafios enfrentados pela organização, além de informar sempre sobre a estratégia e posicionamento.

A transparência nestas comunicações deve proporcionar uma visão objetiva do desempenho financeiro e das perspectivas futuras da empresa. Além de transparente e objetiva, ela deve ser sempre tempestiva. Notícia boa ou ruim a companhia é quem deve prestar. O CFO sempre deve se preocupar em prestar contas de forma rápida sobre o desempenho ou eventuais notícias que possam surgir da companhia. Ser proativo com acionistas, investidores e demais stakeholders é fundamental. Boas informações prestadas aos acionistas e ao conselho tornam as reuniões de resultados mais produtivas e as decisões mais fundamentadas. Quando aplicamos o conceito a investidores, agências de rating e analistas isso faz com que tenham visão clara de quais são os principais movimentos e o que pode ou não impactar resultados futuros.

Além das reuniões regulares, o CFO desempenha um papel ativo na construção e manutenção de relacionamentos sólidos com acionistas e investidores, constituindo uma conexão que vai além do aspecto puramente transacional. O CFO busca oportunidades para engajar proativamente acionistas, fornecendo atualizações financeiras e compartilhando insights estratégicos sobre os rumos da empresa. Essa interação envolve um diálogo contínuo, onde o

CFO, além responder perguntas, busca entender as expectativas e preocupações dos investidores.

Para fortalecer esses relacionamentos, o CFO pode implementar práticas de comunicação personalizada, reconhecendo a diversidade de interesses entre diferentes grupos de acionistas. Seja por meio de webinars, eventos exclusivos ou publicações especializadas, essa abordagem demonstra um compromisso em construir uma comunidade de investidores bem-informada e engajada. Ao compreender as dinâmicas do mercado e as necessidades específicas de cada acionista, o CFO contribui para a estabilidade das relações, gerando confiança mútua e influenciando positivamente a percepção da empresa no cenário financeiro

O relacionamento com os reguladores é uma parte fundamental de uma governança eficaz. Ao adotar uma abordagem proativa, transparente e colaborativa, o CFO assegura o cumprimento das regulamentações e contribui para um ambiente regulatório mais eficiente e alinhado às necessidades da empresa e do mercado. O equilíbrio entre conformidade e parceria estratégica com os reguladores é essencial para o sucesso contínuo e perenidade do negócio.

O CFO desempenha um papel crucial na construção e manutenção de relacionamentos transparentes e colaborativos com reguladores. Assim, como nas relações com investidores, a comunicação transparente com os reguladores é imprescindível, fornecendo informações claras e abrangentes sobre as operações financeiras, estratégicas, endividamento, direcionamento comercial, práticas contábeis, respondendo prontamente a solicitações de informações adicionais.

A transparência nas comunicações contribui para uma relação de confiança com os reguladores e facilita a interlocução.

Uso Estratégico da Comunicação para Valorização (ou manutenção do valor) da Marca

O CFO, ao reconhecer a importância da comunicação financeira, deve entender que vai além da mera divulgação de números e relatórios contábeis. A habilidade de articular uma visão financeira positiva desempenha um papel crucial na valorização e manutenção da marca da empresa. A comunicação estratégica, sob a liderança do CFO, deve incorporar uma abordagem de curto, médio e longo prazos, alinhada com os valores e à missão da empresa. A narrativa financeira deve ser cuidadosamente entrelaçada com os princípios de governança corporativa, iniciativas sustentáveis, responsabilidade social e práticas éticas, construindo, assim, uma imagem corporativa positiva e alinhada às expectativas dos acionistas. Ao enfatizar o compromisso da empresa com práticas ESG (ambientais, sociais e de governança), o CFO contribui para a construção de uma reputação sólida, gerando confiança entre investidores, clientes e parceiros e, consequentemente, fortalece a posição da empresa no mercado. Esse uso estratégico da comunicação valoriza a marca e sustenta a resiliência da organização diante de desafios e turbulências do mercado.

Além da comunicação efetiva, o CFO também desempenha um papel estratégico na formulação e implementação de respostas proativas aos desafios externos. Diante de mudanças regulatórias, o CFO lidera a análise de impacto e coordena a adaptação das práticas financeiras para garantir conformidade contínua. Diante de eventos econômicos globais, o CFO utiliza análises de risco e cenários para antecipar possíveis impactos e desenvolver estratégias de mitigação. A agilidade na reavaliação das estratégias financeiras em resposta a esses desafios é essencial para preservar a estabilidade financeira da empresa. Ao adotar uma abordagem proativa e estratégica, o CFO enfrenta os desafios externos de maneira eficaz e posiciona a empresa para prosperar em ambientes econômicos em constante evolução. Essa capacidade de adaptação reforça a confiança dos investidores e destaca a resiliência da organização diante das adversidades do mercado.

Otimização do Uso de Recursos Financeiros e Abordagem Proativa

No complexo ambiente empresarial contemporâneo, a gestão eficaz dos recursos financeiros tornou-se uma pedra angular para a sobrevivência e prosperidade das empresas, sendo crucial a otimização financeira e uma abordagem proativa na busca pela eficiência operacional e pela maximização da lucratividade.

A primeira etapa para aprimorar a eficiência é realizar um diagnóstico minucioso da saúde financeira da organização. Essa avaliação crítica envolve a análise de demonstrativos financeiros, fluxo de caixa e tendências recentes. Identificar áreas de desperdício, ineficiência e oportunidades de melhoria é fundamental para um plano de otimização bem-sucedido.

Estratégias para redução de custos, sem comprometer a qualidade, devem ser desenvolvidas e implementadas de maneira ponderada. Uma abordagem proativa na gestão financeira envolve o uso de ferramentas analíticas e modelos preditivos. A capacidade de antecipar tendências do mercado e de realizar previsões financeiras precisas permite que a empresa se prepare para desafios futuros. Desenvolver estratégias contingenciais para mitigar riscos é uma prática essencial nesse contexto.

Outro ponto muito importante refere-se aos investimentos estratégicos que visam direcionar recursos para o crescimento sustentável. Avaliar oportunidades de investimento alinhadas aos objetivos estratégicos da organização é uma prática fundamental. Monitorar constantemente o retorno sobre investimentos (ROI) garante que os recursos sejam direcionados para áreas-chave que impulsionam o crescimento e a lucratividade.

Uma cultura organizacional que valoriza a eficiência financeira é essencial. Incentivar a responsabilidade financeira em todos os níveis da organização, desde a alta administração até os colaboradores de base, cria uma mentalidade de gestão cuidadosa dos recursos. Desenvolver programas de educação financeira para os colaboradores contribui para uma compreensão mais ampla e consciente das práticas financeiras da empresa.

Em um mundo empresarial em constante evolução, a otimização do uso de recursos financeiros e uma abordagem proativa são cruciais para a competitividade e a sobrevivência. Ao diagnosticar, otimizar e investir de maneira estratégica, as organizações melhoraram sua eficiência operacional e estabelecem uma base sólida para o crescimento sustentável e a maximização da lucratividade. O compromisso contínuo com aprimoramentos nesses aspectos contribui para a construção de uma cultura financeira resiliente, capaz de enfrentar desafios futuros com confiança e visão estratégica.

Conclusão

Tanto no cenário habitual como de incertezas, o CFO atua como o condutor-chefe, sendo crucial que ele domine as habilidades de agir rapidamente, estabeleça alianças com seus pares, tenha influência para se fortalecer diante dos desafios e se recuperar frente às adversidades para guiar as finanças da empresa.

Essas habilidades asseguram a estabilidade para atuar no presente e preparam a empresa para o futuro desconhecido. O CFO contemporâneo não é apenas um guardião das finanças, mas um líder que, ao enfrentar os desafios sem hesitação, contribui para o sucesso contínuo e o crescimento da empresa.

No próximo capítulo, abordaremos o controle na visão tanto do presente quanto do futuro.

“

Integridade, controle e melhores práticas são essenciais para construir uma base sólida!

”

CAPÍTULO 5

Controle: a visão do presente e passado

A segurança e a garantia das práticas contábeis são elementos cruciais para assegurar a transparência e a confiabilidade das informações financeiras de uma organização. Neste contexto, é vital explorar de maneira mais profunda a importância desses pilares, oferecendo aos líderes empresariais insights valiosos que contribuam para o fortalecimento e aprimoramento contínuo do ambiente contábil.

A segurança e a garantia das práticas contábeis não são apenas requisitos, mas sim fundamentos essenciais para o êxito financeiro de qualquer empresa.

O comprometimento com a implementação de controles internos é uma peça central nesse quebra-cabeça. Estabelecer processos internos consolidados protege contra fraudes e erros, bem como cria um alicerce sólido para a integridade e confiabilidade dos registros financeiros e reportes regulatórios.

Buscar auditorias independentes é outro passo crucial nesse caminho. Essas auditorias proporcionam uma visão imparcial e profissional das práticas contábeis da empresa, garantindo uma validação externa da precisão e conformidade dos registros financeiros. Além disso, elas fortalecem a credibilidade da organização perante investidores, parceiros e outros stakeholders, demonstrando um compromisso inabalável com a transparência e a conformidade.

A divulgação clara e aberta das práticas contábeis, políticas financeiras e resultados, fornece uma compreensão abrangente da saúde financeira da empresa. A transparência atende às expectativas dos acionistas e cria um ambiente de governança corporativa que sustenta a reputação da empresa e faz com que os times estejam sempre engajados caminhando na mesma direção.

Investir em tecnologia avançada é uma abordagem proativa que pode elevar significativamente a segurança e a eficácia das práticas contábeis. Sistemas modernos, inteligência artificial e automação não só deixam os processos mais eficientes e diminuem erros, como também reforçam a segurança das informações financeiras. Isso deixa as operações mais ágeis, reduz custos e possíveis riscos existentes em tarefas manuais.

A segurança e a garantia das práticas contábeis são alicerces essenciais para a estabilidade e o sucesso financeiro de uma empresa. Ao investir nesses pilares, os executivos protegem a integridade dos registros financeiros, cultivam a confiança dos acionistas e estabelecem uma base sólida para a tomada de decisões estratégicas e o crescimento sustentável.

Como CFO, ressalto a necessidade em abordar as nuances da parte regulatória e tributária em meu dia a dia. Neste contexto, destaco a importância da constante movimentação e atualização nesses campos, tanto em nível nacional quanto internacional. A compreensão detalhada da legislação, regulamentação e segmentação de mercados é essencial para embasar as decisões financeiras, mitigar riscos e na identificação de oportunidades.

Destaco a importância de os CFOs cultivarem uma visão abrangente e sempre atualizada desses elementos. Essa perspectiva vai muito além de simples obrigações legais; ela se torna uma ferramenta estratégica para navegar pelo cenário empresarial dinâmico.

A compreensão detalhada das regulamentações e leis que regem as operações da empresa é essencial para evitar riscos desnecessários e garantir a conformidade legal. No entanto, ir além e enxergar esses aspectos como peças integrantes da estratégia financeira é fundamental.

No contexto tributário, a habilidade de antecipar mudanças e interpretar as nuances das leis permite ao CFO posicionar a empresa de maneira mais eficiente. Essa visão proativa evita surpresas desagradáveis e cria oportunidades para otimizar a carga fiscal e maximizar a eficiência financeira.

A segmentação de mercados, por sua vez, é um elemento estratégico que não pode ser subestimado. Compreender as características específicas de cada mercado, suas demandas e regulamentações particulares é vital para ajustar a abordagem financeira de forma personalizada. Isso reduz riscos e abre portas para oportunidades de crescimento em setores específicos.

Essa visão abrangente não é estática; ela exige uma atualização constante. As mudanças nas regulamentações, a evolução do ambiente tributário e as dinâmicas dos mercados são fatores que demandam uma vigilância contínua por parte dos CFOs. Essa postura proativa cria uma base sólida para identificar e capitalizar oportunidades em um ambiente empresarial em constante transformação.

Dessa forma, ao integrar a parte regulatória, tributária e de segmentação de mercados com a estratégia financeira, os CFOs compreendem os desafios imediatos e se capacitam para otimizar a posição financeira da empresa, destacando-se como líderes preparados para enfrentar as complexidades do mundo dos negócios.

Controle e Conciliação financeira

O controle e a conciliação financeira são pilares essenciais para o sucesso de uma organização. Implementar processos robustos nessa área é vital para seguir as normas contábeis e manter a confiança constante dos times e demais stakeholders.

O fato é que à medida que as empresas crescem e expandem suas operações, a complexidade das transações financeiras aumenta consideravelmente. O desafio é garantir que todos os registros financeiros estejam corretos, completos e em conformidade com as normas contábeis vigentes. A falta de controle e conciliação adequados pode resultar em erros, potenciais fraudes e, consequentemente, na perda de valor da companhia e da confiança dos acionistas.

A conciliação financeira é importante para manter a precisão dos dados contábeis e a integridade das informações financeiras da empresa. A conciliação regular das contas com os registros internos é uma prática preventiva que auxilia na detecção de fraudes ou atividades suspeitas. Esse processo sistemático protege os ativos da empresa e reforça a confiabilidade de suas operações.

Além disso, a conciliação permite uma análise abrangente dos fluxos de caixa, identificando áreas de melhoria e embasando decisões estratégicas. A conciliação de 100% do balanço é a garantia de que cada transação, cada cifra, seja ela uma receita, despesa, ativo ou passivo, seja meticulosamente verificada e alinhada com as fontes originais. Isso não é apenas uma medida de conformidade, é a base da confiabilidade dos nossos relatórios financeiros.

A implementação de controles rigorosos vai além da gestão interna, é crucial para o cumprimento das regulamentações dos mais diversos órgãos e padrões contábeis. Ao garantir a conformidade, a empresa se protege contra penalidades e mantém a integridade em suas práticas financeiras. Um sistema eficaz de controle financeiro reduz riscos operacionais e contribui significativamente para identificar precocemente possíveis inconsistências.

Manter todos os suportes é mais do que uma formalidade administrativa. É a prática que assegura que cada valor registrado tem uma origem rastreável e é fundamentado em transações reais. Isso proporciona transparência interna, permitindo uma análise detalhada e crítica de cada componente do balanço. Nenhuma transação deve ficar sem reconciliação, e nenhuma discrepância deve permanecer sem resolução. Este compromisso é mais do que uma prática contábil, é um reflexo do nosso compromisso com a precisão, responsabilidade e conformidade.

A integração eficaz de processos de controle e conciliação financeira deve atender aos requisitos operacionais e servir como alicerces para a sustentabilidade e prosperidade de uma organização no ambiente dinâmico dos negócios de hoje. Investir nesses processos protege contra riscos e fortalece a base para um crescimento contínuo e uma atuação confiável no mercado.

A sinergia entre as áreas de Finanças e Controles torna-se evidente ao analisarmos alguns desafios recentes enfrentados por empresas destacadas no mercado varejista. Estas situações, distantes de qualquer julgamento de certo ou errado, abordadas de forma genérica, apontando para potenciais áreas de descontrole ou a necessidade de revisitar procedimentos no setor.

Recentemente, a mídia trouxe à tona casos envolvendo empresas, ressaltando a importância de uma possível revisão de procedimentos ou a chance de descontrole no segmento varejista. Como profissionais financeiros, mantemos nossa atenção a essas questões, cientes da necessidade de implementar controles cada vez mais rigorosos.

O alerta fundamenta-se na compreensão de que, embora teoricamente ideal, a eficácia dos controles só se torna evidente com uma vigilância constante e uma adaptação aos regulamentos em evolução e às melhores práticas de controle e governança.

É notável que, por mais teoricamente positivo que seja possuir controles robustos, a ausência de reclamações ou questionamentos pode sugerir uma falsa sensação de normalidade. Dessa forma, essa observação sutil destaca como nós, profissionais financeiros, devemos permanecer atentos ao comportamento do mercado. Os exemplos mencionados servem como um alerta e uma oportunidade para aprimorarmos a aplicabilidade de nossos próprios controles, sempre considerando as mudanças e desafios no ambiente empresarial.

A Importância da Matriz de Risco Financeiro

Para aqueles que ocupam a posição de CFO, enfrentar uma série de riscos é inevitável, tais como flutuações cambiais, volatilidade nos mercados financeiros e alterações regulatórias.

O verdadeiro desafio reside na habilidade de identificar, mensurar, mitigar e monitorar esses riscos de maneira eficaz, buscando reduzir ao máximo os impactos negativos nas operações e nos resultados financeiros da empresa.

A Matriz de Risco Financeiro surge como uma ferramenta estratégica fundamental para essa missão. Ela possibilita a avaliação precisa dos riscos e facilita a tomada de decisões informadas. Seu monitoramento permite avaliar impactos de forma clara e objetiva. Ao proporcionar uma visão abrangente dos diversos tipos de riscos, desde os operacionais até os específicos, como liquidez, crédito e mercado, a Matriz de Risco torna-se uma aliada na gestão proativa dos desafios.

Além de seu papel na gestão de riscos, a Matriz desempenha uma função crucial na alocação eficiente de recursos financeiros, contribuindo para que a empresa utilize seus ativos de forma estratégica e alinhada aos objetivos. Outro ponto a ser destacado é a contribuição da Matriz de Risco para a transparência e conformidade regulatória. Ao proporcionar uma visão clara dos riscos enfrentados, ela fortalece a postura da empresa perante órgãos reguladores e reforça a confiança dos acionistas.

A Matriz de Risco Financeiro é um instrumento essencial para a gestão eficiente dos riscos financeiros. Ao reconhecer e compreender os riscos inerentes às operações e decisões financeiras, as empresas podem enfrentar os desafios com maior confiança, tomar decisões mais embasadas e alcançar resultados financeiros sólidos, mesmo em um ambiente empresarial cada vez mais complexo.

O Papel Independente do Auditor Externo em Parceria com o CFO

A parceria entre o CFO e o auditor externo é essencial para garantir a precisão, confiabilidade e conformidade das demonstrações financeiras de uma organização. Ao trabalharem juntos, eles promovem a transparência, identificam riscos financeiros, oportunidades de melhoria e asseguram que a empresa esteja em conformidade com as normas contábeis e regulamentações aplicáveis. Essa opinião independente fortalece a governança corporativa e contribui para o sucesso financeiro da organização no ambiente empresarial desafiador de hoje. A função do auditor externo transcende a mera conformidade com regulamentações, ele desempenha um papel estratégico, proporcionando insights valiosos, mitigando riscos e fortalecendo a credibilidade financeira das empresas.

O principal papel do auditor externo é garantir que as práticas contábeis e financeiras de uma empresa estejam em conformidade com as normas contábeis e regulamentações vigentes. Essa garantia de conformidade é essencial para manter a transparência nas operações financeiras e fornecer informações precisas aos acionistas.

Ao realizar auditorias regulares, o auditor externo verifica se os registros contábeis refletem com precisão a realidade financeira da empresa. Isso atende às exigências regulatórias e promove uma cultura de transparência, essencial para manter a confiança dos investidores, parceiros e outros stakeholders.

Outra contribuição crucial do auditor externo é a identificação e mitigação de riscos financeiros e tributários. Através de uma avaliação aprofundada dos processos financeiros, o auditor pode destacar áreas de vulnerabilidade, potenciais fraudes, ineficiências operacionais e fiscais.

Ao antecipar e alertar sobre possíveis riscos, o auditor externo desempenha um papel preventivo na proteção dos ativos da empresa, fortalecendo a resiliência operacional diante de desafios econômicos e comerciais.

Esses insights estratégicos beneficiam a gestão interna e são sempre compartilhados com os diretores e conselho de administração, promovendo uma comunicação transparente e construindo confiança. Os relatórios do auditor externo, que acompanham as demonstrações financeiras, muitas vezes contribuem na formatação de como os resultados serão apresentados, já que oferecem uma perspectiva objetiva e imparcial sobre a saúde financeira da empresa, contribuindo para a tomada de decisões informadas.

A presença de um auditor externo envia uma mensagem clara de que a empresa está comprometida com a integridade e a conformidade. Isso, por sua vez, fortalece a reputação empresarial no mercado. Empresas com auditorias externas são percebidas como mais confiáveis. Ao estabelecer uma parceria estratégica com um auditor externo qualificado, as empresas atendem às exigências regulatórias e constroem uma base sólida para o sucesso financeiro e a confiança contínua dos acionistas.

A colaboração entre o CFO e o auditor externo desempenha um papel vital na salvaguarda da integridade e credibilidade das demonstrações financeiras de uma organização. Essa parceria é essencial para assegurar a precisão dos registros contábeis, promover a conformidade rigorosa com normas e regulamentações. O conhecimento do auditor externo, combinada com a visão estratégica do CFO, cria uma colaboração estratégica que se revela como um alicerce sólido para o sucesso financeiro e a sustentabilidade da organização no mercado, incluindo melhores práticas.

Conclusão

Na posição de CFO, a integridade, dedicação e priorização dos temas contábeis, fiscais, controle, conciliação e melhores práticas são essenciais para construir uma base sólida e consistente. Essa base proporciona conforto tanto para reguladores quanto para acionistas, criando valor para a companhia e permitindo que ela direcione seus esforços para navegar pelas incertezas dos cenários econômicos e planejar o futuro.

Diante de tantas atribuições, contar com o parecer de um auditor externo, que acompanha as melhores práticas de mercado e mantém uma matriz de riscos, traz um conforto adicional e indicadores de alerta essenciais para uma gestão financeira mais eficaz. Isso oferece ao CFO uma perspectiva externa valiosa para melhorar a governança financeira da empresa.

No próximo capítulo, abordaremos a importância do time e o cuidado na gestão de pessoas.

"

Gestão humanizada com dedicação em formação e desenvolvimento, visão social de diversidade e inclusão fazem parte do presente e do futuro!

"

CAPÍTULO 6

Pessoas: o cuidado nosso de cada dia

A gestão humanizada e o trabalho em equipe são estratégias fundamentais para o sucesso de um CFO. Ao reconhecer que os colaboradores são ativos valiosos, a gestão humanizada impulsiona o crescimento pessoal, profissional e fortalece a eficiência operacional e a coesão da equipe.

Acredito que os colaboradores são a espinha dorsal do sucesso financeiro. A gestão humanizada vai além do simples reconhecimento desse fato; ela se traduz em práticas que promovem um ambiente de trabalho onde os colaboradores se sintam valorizados, respeitados, desenvolvidos, reconhecidos e parte do sucesso.

A gestão humanizada impulsiona o crescimento individual e profissional dos colaboradores, resultando em maior satisfação no trabalho e em um ambiente mais dinâmico e inovador. Estabelecer uma cultura de comunicação aberta e transparente é crucial. CFOs que adotam essa abordagem criam um ambiente propício para que os colaboradores expressem suas ideias e opiniões, fomentando a inovação e a resolução colaborativa de problemas.

Um CFO Moderno estabelece metas e objetivos claros para a equipe, proporcionando direção e alinhando os esforços de cada membro com os objetivos estratégicos da organização. Além disso, o time tem que saber (e sentir) que o CFO está de fato com eles na jornada. Que ele não é apenas o capitão do navio, mas vai ajudar a remar em caso de tempestade.

Estimular a colaboração é vital para a sinergia da equipe. CFOs podem promover a troca de ideias e habilidades, criando um ambiente onde as contribuições individuais se complementam. Um CFO que reconhece o trabalho de cada membro da equipe fortalece a moral, criando um ambiente motivador.

Encontrar o equilíbrio entre a gestão humanizada e a promoção do trabalho em equipe é chave para o sucesso do CFO. Reconhecer a importância dos colaboradores, junto com a construção de equipes produtivas, resulta em um ambiente onde o potencial humano é totalmente aproveitado em direção aos objetivos da empresa.

A gestão humanizada e o trabalho em equipe são investimentos estratégicos para CFOs visionários. Ao promover um ambiente onde os colaboradores são valorizados e as equipes operam com sinergia, os CFOs impulsionam o sucesso financeiro da organização, moldam uma cultura empresarial resiliente e orientada para o futuro.

O Impacto Positivo da Diversidade e Inclusão na Gestão Humanizada

Como CFO, reconheço que a diversidade e inclusão desempenham um papel essencial na construção de uma gestão humanizada eficaz. Não se trata apenas de uma conformidade com padrões sociais; eles se tornam impulsionadores fundamentais para o sucesso de qualquer organização. E aqui, quero explorar o impacto positivo da diversidade e inclusão, destacando como esses aspectos enriquecem a gestão humanizada.

A diversidade abrange uma variedade de experiências de vida, culturas, habilidades e perspectivas. Ao promover a diversidade, estamos trazendo para o ambiente de trabalho uma riqueza de conhecimentos e experiências que podem impulsionar a inovação e a resolução criativa de problemas.

A gestão humanizada, ao abraçar a diversidade, cria um terreno fértil para a inovação. Colaboradores com diferentes origens e perspectivas oferecem soluções para desafios empresariais. A diversidade de pensamento impulsiona a criatividade, resultando em estratégias inovadoras e respostas mais eficazes para as demandas do mercado.

A inclusão, por sua vez, é a garantia de que cada voz é ouvida e valorizada. Quando os funcionários se sentem incluídos, criamos um ambiente mais acolhedor, onde cada indivíduo se sente parte fundamental do todo. Isso, por sua vez, fortalece a coesão da equipe, promovendo um ambiente de trabalho mais positivo e produtivo.

A gestão humanizada busca compreender e atender às necessidades de cada membro da equipe. A inclusão permite que desenvolvamos empatia ao reconhecermos as diferentes realidades que cada colaborador enfrenta. Essa compreensão profunda promove um ambiente mais solidário, onde todos se sentem respeitados e compreendidos.

Além dos benefícios culturais e sociais, a diversidade e inclusão têm impactos positivos mensuráveis nos resultados financeiros. Com equipes diversas, existe a maior probabilidade de superar concorrentes e alcançar melhores resultados financeiros. A variedade de perspectivas contribui para a tomada de decisões mais sólidas e estratégias mais adaptáveis.

Como CFO, reconheço que implementar e sustentar uma cultura de diversidade e inclusão não é isento de desafios. No entanto, encaro esses desafios como oportunidades para fortalecer ainda mais a gestão humanizada. Ao adotar políticas inclusivas, promover equidade salarial e garantir oportunidades iguais de avanço, estamos moldando o ambiente de trabalho atual e o futuro da empresa. Ao promover a diversidade de experiências e garantir a inclusão de todos, é possível construir ambientes de trabalho mais inovadores, acolhedores e produtivos. Como CFO, reconheço o impacto positivo desses princípios na saúde financeira e no futuro sustentável da organização.

Microgestão: o perigo da supervisão excessiva

Em meu papel de CFO, faço questão de abordar uma prática que, apesar de bem-intencionada, pode ter consequências prejudiciais para a equipe e para a organização como um todo: a microgestão.

A supervisão excessiva pode sufocar a criatividade, minar a autonomia, autoconfiança e prejudicar o crescimento tanto dos colaboradores quanto da empresa. A microgestão cria um ambiente em que os colaboradores se sentem constantemente sob escrutínio, inibindo sua capacidade de pensar de forma inovadora e de agir com autonomia.

Quando a atuação do time passa a ser feita de maneira excessivamente detalhada, os colaboradores podem se sentir desvalorizados, levando a uma queda na criatividade e na motivação para contribuir com ideias originais.

Ao serem constantemente supervisionados em tarefas simples e corriqueiras, os colaboradores podem interpretar isso como uma falta de confiança em suas habilidades e conhecimentos. Essa desvalorização resulta em desengajamento e desmotivação, levando a uma diminuição da produtividade. Em vez de se sentirem capacitados para tomar decisões e enfrentar desafios, os colaboradores podem se tornar passivos, aguardando instruções detalhadas e isso pode levar ao "quiet quitting" fenômeno recentemente nomeado, no qual o colaborador faz apenas o mínimo necessário para manter seu trabalho e não mais está engajado com os objetivos da área e da empresa.

A microgestão também pode prejudicar o crescimento profissional dos colaboradores. Quando as oportunidades para assumir responsabilidades e desafios são limitadas pela supervisão excessiva, o desenvolvimento de novas habilidades é impedido. Isso pode resultar em uma estagnação no crescimento profissional, com colaboradores se sentindo estagnados em suas funções.

A busca por controle detalhado consome um tempo precioso do líder, que poderia ser mais estrategicamente direcionado. O tempo gasto na microgestão poderia ser investido em atividades mais estratégicas, como o desenvolvimento de planos de negócios, análise financeira aprofundada ou colaboração estratégica com outras áreas da empresa. Isso, por sua vez, impacta negativamente a eficiência e a produtividade globais da equipe.

Para superar os desafios associados à microgestão, é vital adotar uma abordagem mais holística. Isso inclui a promoção da confiança na equipe, empoderamento, o estabelecimento de metas claras e o encorajamento da autonomia. Os líderes devem se concentrar em fornecer diretrizes gerais, permitindo que os colaboradores usem suas habilidades para alcançar os objetivos estabelecidos. A microgestão representa um risco significativo para o crescimento e o desenvolvimento organizacional. Reconheço a importância de fomentar uma cultura de confiança, autonomia e valorização das habilidades individuais. Ao adotar uma abordagem equilibrada na gestão, podemos cultivar um ambiente propício ao crescimento, inovação e sucesso sustentável a longo prazo.

Gestão e Formação

Parte do processo de gestão é dar feedback e ter uma troca com o time de como está o trabalho, se existem pontos de atenção e melhoria, visando além da simples entrega ou dos resultados, mas procurando sempre o desenvolvimento pessoal e profissional do colaborador.

Isto requer muita disciplina por parte do CFO, pois dentro da agenda atribulada, ele deve conseguir ter tempo de qualidade, pelo menos com seus liderados diretos. O CFO deve ter rituais de reuniões individuais, onde ele possa ouvir seus liderados, entender suas dificuldades, promover suas habilidades, e trabalhar na formação de um profissional maduro e completo.

Isto estimula não só que o colaborador possa se abrir, mas permite ao gestor atuar de forma mais precisa em seu desenvolvimento. Bons feedbacks, construtivos, diretos, e fundamentados, trazem engajamento e promovem retenção dos talentos na companhia.

Profissionais bem formados, que têm o respeito do gestor e do time, que veem seu trabalho valorizado, que começam a ser destaque em sua área de atuação, quando têm apoio de sua gestão para seguir aprendendo e se desenvolvendo, tendem a não deixar a empresa. A formação do time é imperativa e deve ser feita sempre pensando em como tornar aquele profissional mais completo e competente em sua função, e em como expandir horizontes para que possa haver mobilidade dentro da companhia.

Formar outros profissionais também faz parte do desenvolvimento de um CFO. Quando você lidera pessoas que são tão boas ou melhores que você, isso impulsiona sua carreira como líder, técnico e pessoa. É sempre uma via de mão dupla. Preparar seus colaboradores para serem os melhores em sua área culmina na criação de um plano de sucessão entre eles.

Quando suas habilidades começam a transcender as barreiras da companhia, começam a ter destaque no mercado, e passa a ser quase inevitável que sejam cobiçados pela concorrência, para outras posições em outras casas. Isto demonstra que você fez um ótimo trabalho. Preparou seu colaborador para o mundo! E se você fez tudo que elencamos acima, tem muita chance de ele optar por seguir ao seu lado, aprendendo.

Conclusão

O CFO moderno prioriza a gestão de pessoas, utilizando práticas humanizadas para o desenvolvimento individual. Ele identifica as melhores qualidades de cada membro da equipe para que todos possam desempenhar ao máximo suas atribuições. Desafia os pontos de melhoria por meio de apoio, cursos, mentorias e feedbacks, criando um ambiente leve, acolhedor e aberto a questionamentos e inovação.

Ao adotar uma visão social de diversidade e inclusão, e se dedicar à formação e desenvolvimento, o CFO contribui para a construção de um time motivado e excepcional.

No próximo capítulo, abordaremos o tema inovação: o oxigênio do CFO Moderno.

“

Inovação é um caminho sem volta e que estimula um olhar para o futuro desafiador!

”

CAPÍTULO 7

Inovação: o oxigênio do CFO moderno

A inteligência humana, com suas capacidades únicas de reflexão, questionamento e formulação estratégica, é um recurso essencial para conduzir uma empresa ao sucesso sustentável. Ela envolve a capacidade de analisar, compreender contextos complexos e tomar decisões informadas. No cenário dinâmico de hoje, a mera implementação de estratégias pré-existentes não é suficiente. É a inteligência humana que permite a adaptação, a inovação e a antecipação de desafios futuros.

Os executivos, ao incorporarem a reflexão crítica em sua abordagem, podem avaliar o que está acontecendo no presente e antecipar cenários futuros. A tomada de decisões estratégicas fundamentadas em insights humanos vai além da análise de dados. Ela considera o contexto, as nuances do mercado e as implicações a longo prazo.

Questionar, longe de ser uma atitude desafiadora, é uma ferramenta valiosa na estratégia empresarial. A capacidade de questionar o status quo, os processos estabelecidos e as suposições subjacentes abre caminho para a inovação e a melhoria contínua. Essa mentalidade questionadora é alimentada pela inteligência humana, impulsionando a empresa a buscar constantemente melhores maneiras de operar.

A formulação de estratégias não deve ser um exercício mecânico, mas sim uma expressão da visão humana. Os executivos, ao integrarem a inteligência humana na elaboração de estratégias, podem alinhar as metas organizacionais com valores fundamentais.

Isso fortalece a cultura empresarial e gera um impacto positivo nas relações com clientes, colaboradores e outros stakeholders.

No mundo digital e tecnologicamente avançado em que vivemos, o valor da inteligência humana muitas vezes é subestimado. Embora a automação e a inteligência artificial desempenhem papéis importantes, é a inteligência humana que incorpora a empatia, a intuição e a capacidade de adaptação - elementos essenciais para a liderança eficaz e a tomada de decisões estratégicas.

Como CFO, defendo a integração consciente da inteligência humana na estratégia empresarial. Reconheço que, além de equações financeiras, são as mentes inquisitivas, reflexivas e estratégicas que impulsionam o verdadeiro sucesso a longo prazo. Ao desbloquear plenamente o potencial da inteligência humana, as organizações podem não apenas prosperar no presente, mas também moldar um futuro sustentável e impactante.

Criar Espaços para uma Cultura para a Inovação

Inovação é uma necessidade e deve fazer parte do dia a dia dos times. É fundamental reconhecer a importância da inovação e criar um ambiente propício para o florescimento dessa cultura. A cadeira de CFO tem um papel estratégico na criação de espaços para uma cultura de inovação.

Uma cultura de inovação implica em cultivar uma mentalidade que valoriza a criatividade, o pensamento disruptivo e a disposição para assumir riscos calculados. Essa cultura não surge espontaneamente; requer liderança estratégica e a criação de um ambiente que encoraje e recompense a inovação.

Enquanto o CFO tradicionalmente é associado à gestão financeira, seu papel atual se estende para além dos números. O CFO moderno é um agente de transformação, desempenhando um papel crucial na orientação estratégica da empresa. Isso inclui a promoção de uma cultura que valoriza a inovação como uma parte integrante dos objetivos organizacionais.

A integração da inovação nas estratégias financeiras é um passo vital. Isso envolve alocar orçamentos para iniciativas inovadoras e repensar os modelos de negócios tradicionais. O CFO desempenha um papel central na identificação de oportunidades para investimentos inovadores e na alocação eficiente de recursos para impulsionar a transformação.

Uma cultura de inovação prospera em um ambiente colaborativo. O CFO pode estimular a colaboração ao criar espaços formais e informais para o compartilhamento de ideias. Incentivar equipes multidisciplinares e proporcionar plataformas para a expressão criativa contribui para um fluxo contínuo de novas perspectivas e conceitos. O reconhecimento e a recompensa são motores poderosos para a inovação. Implementar programas de reconhecimento que valorizem ideias inovadoras e reconheçam os esforços dedicados à implementação bem-sucedida motiva os colaboradores e consolida a mensagem de que a inovação é uma prioridade estratégica.

Inovação muitas vezes está associada à mudança, e o papel do CFO age na construção de resiliência organizacional. Isso envolve gerenciar as finanças durante os períodos de transformação, comunicar claramente a visão, os benefícios e os planos associados à inovação.

Uma cultura que abraça a mudança como uma constante evolução é fundamental para a sustentabilidade da inovação. Criar espaços para uma cultura de inovação deve ser um estilo de vida organizacional. Liderar a transformação cultural fortalece a posição da empresa no presente e pavimenta o caminho para um futuro sustentável e inovador. De fato, a inovação não é apenas uma opção; é o caminho para o sucesso duradouro no ambiente de negócios em constante evolução.

Potencializando o CFO na Era da Automação Financeira

Existe uma tendência natural de todo ser humano em resistir à mudança, especialmente ao considerar a implementação de automação em processos financeiros historicamente conduzidos manualmente. É crucial entender que a automação não representa uma ameaça, mas sim gera valor e é um impulsionador essencial para a transformação e eficiência do papel do CFO.

A automação é a chave para transformar e revisar processos de forma constante. Em um mundo dinâmico, a capacidade de adaptar-se rapidamente é essencial. A automação permite uma revisão ágil, garantindo que estejamos sempre alinhados com as melhores práticas.

Há um mito de que a automação pode comprometer o controle financeiro. Pelo contrário, quando implementada corretamente, a automação fortalece o controle interno. Ela reduz a margem de erro associada às tarefas manuais e proporciona rastreabilidade total. A confiança nos dados aumenta, permitindo uma tomada de decisão mais embasada.

Outro fator importante é que a automação libera o time financeiro das amarras operacionais, permitindo que se concentrem em áreas mais estratégicas. O medo de perder controle é substituído pela capacidade de direcionar esforços para análise de riscos, identificação de oportunidades e gestão de controles de segundo nível. A tecnologia se torna uma aliada na busca por eficiência e excelência.

Ao adotar a automação, o CFO abraça um papel mais estratégico. Deixa-se para trás a visão operacional excessivamente manual para liderar uma transformação rumo à eficiência e visão de futuro. A automação não retira a essência do controle, ela redefine o que significa ter controle, deslocando-o para um patamar mais inteligente e estratégico.

A tecnologia não é uma ameaça; é um facilitador que permite aos CFOs liderar com confiança em um mundo cada vez mais digital.

Definitivamente a automação não deve ser temida, mas abraçada como uma aliada na busca pela excelência financeira. Como CFO, encorajo a equipe a adotar uma mentalidade proativa em relação à automação. Ela não apenas aprimora nossos processos, mas redefine nosso papel estratégico, garantindo que permaneçamos na vanguarda da inovação e do controle financeiro eficaz.

A inovação é um conceito que vai muito além da simples automação, revelando-se como um elemento crucial no âmbito financeiro e também na abrangente visão da empresa como um todo.

A verdadeira inovação não se restringe à busca por eficiência operacional. Ela se estende para impulsionar a criação de novos produtos e o desenvolvimento de estratégias de negócios mais ousadas. Ao adotar uma perspectiva mais abrangente, a inovação não se limita a otimizar meramente os processos financeiros; ela oferece uma visão de longo prazo para o crescimento sustentável da empresa. A habilidade de substituir processos dependentes da interação humana por soluções baseadas em processos automatizados e inteligência artificial emerge como uma oportunidade valiosa. Isso aumenta a eficiência e libera recursos humanos para se dedicarem a tarefas mais estratégicas e criativas.

Neste contexto, a inovação se transforma em um mix dinâmico, integrando a automação, a inteligência artificial e a criação de novos produtos. Essa abordagem holística impulsiona a eficiência operacional e coloca a empresa na vanguarda da transformação digital.

Transformação Digital e o uso de Ferramentas de IA na Área de Finanças - um exemplo prático recente na minha jornada profissional

Em um movimento visando aprimorar os processos internos, a área de finanças recentemente deu um passo significativo em direção à modernização e eficiência operacional. O ponto de partida para essa transformação foi a identificação de um desafio enfrentado por nossa equipe diante do volume expressivo de e-mails demandando informações cruciais para a área comercial, exigindo muitas horas de trabalho manual.

Diante dessa realidade, decidimos abraçar a inovação e introduzir uma solução que atendesse a essa demanda. Tal atitude mudou a forma como nos comunicamos e acessamos dados. Surge, então, nossa agente virtual, um Chatbot meticulosamente projetado e com personalidade para oferecer respostas rápidas e precisas às consultas da equipe comercial.

Operando diretamente no Microsoft Teams, nossa agente virtual tornou-se uma aliada constante dos membros da equipe, proporcionando uma experiência de comunicação fluida e eficiente, independente de tempo ou localização. Através dessa plataforma, os colaboradores agora podem acessar, em tempo real, as informações necessárias para embasar suas decisões estratégicas.

O diferencial vai além da simples resposta a perguntas. Ela tem a habilidade de disponibilizar links diretos para dashboards e outras fontes de informações relevantes, eliminando a necessidade de trocas extensas de e-mails. Essa abordagem simplificou os processos e acelerou significativamente o acesso da equipe a dados essenciais, promovendo uma tomada de decisão mais ágil e intuitiva.

Um aspecto crucial dessa inovação é a incorporação de inteligência artificial por meio do Chat GPT. Sabemos que o uso de ferramentas de IA é, por vezes, objeto de questionamentos, mas enxergamos essa iniciativa como uma contribuição significativa para a otimização de nossos processos e o aumento da eficiência operacional.

A implementação do Chatbot aliviou a carga de trabalho manual associada à resposta de e-mails e destacou o potencial das tecnologias emergentes para impulsionar a inovação em nosso setor. A aplicação de inteligência artificial na área de finanças não é mais uma mera opção. É a capacidade de processar grandes volumes de dados em tempo real, identificar padrões complexos e fornecer insights preditivos. Indiscutivelmente é um diferencial que não se pode ignorar.

A automação, aliada com a inteligência artificial, redefine a eficiência operacional. Tarefas rotineiras e manualmente intensivas podem ser executadas com precisão e rapidez, permitindo que nossos talentosos profissionais concentrem-se em atividades de maior valor agregado, como análises, tomada de decisões complexas e visões estratégicas.

Na área financeira, onde a precisão e a velocidade são cruciais, a automação proporciona uma vantagem competitiva significativa. Processos de reconciliação, relatórios financeiros, previsões e até mesmo interações com clientes podem ser otimizados por meio da automação inteligente.

Além disso, não podemos subestimar o impacto positivo na experiência do cliente. A automação permite respostas rápidas e personalizadas, antecipando as necessidades dos nossos clientes e oferecendo soluções proativas.

Contudo, vale ressaltar que a implementação dessas tecnologias não substitui a importância do toque humano em nossa abordagem. A IA e a automação são ferramentas poderosas que complementam as habilidades dos nossos colaboradores, capacitando-os a atingir um nível mais elevado de excelência.

Portanto, é essencial que exista o comprometimento em investir continuamente em iniciativas que promovam a integração eficiente da

IA e automação à estratégia financeira. Essa abordagem proporciona um ambiente mais dinâmico e orientado para o futuro. Abraçar essa mudança com confiança faz com que seja moldado um futuro financeiro mais inteligente, eficiente e orientado para resultados.

IA em finanças na visão de um CIO - por Fernando Barrichello

Se você quer ser um CFO moderno, além de possuir visão estratégica, habilidades na gestão de pessoas e competências gerenciais de controle, você precisa incorporar um quarto elemento: a inovação. No cenário empresarial contemporâneo, a capacidade de inovar inclui uma grande pitada de inteligência artificial (IA), que se tornou indispensável para garantir a competitividade e a relevância das empresas no mercado atual.

A IA oferece uma série de benefícios dentro das empresas, como a automação de tarefas financeiras rotineiras, o aumento da eficiência operacional, a análise aprofundada de dados e a melhoria na tomada de decisões para o planejamento financeiro, entre outros.

Entretando, para um CFO moderno compreender e aplicar a IA, ele precisa ter em mente que ela vai além da eficiência operacional; trata-se de liderança e influência. Uma compreensão profunda da IA permite ao CFO tomar decisões mais informadas e estratégicas. Com os novos algoritmos de IA, ele pode avaliar melhor os dados, identificar tendências e prever desafios e oportunidades futuras, tanto internos quanto mercadológicos.

Além disso, um CFO bem versado em IA pode liderar iniciativas de inovação com maior eficácia, facilitando a colaboração com outras áreas da empresa e implementando soluções que realmente agreguem valor. Ele pode assegurar que a adoção da IA esteja alinhada com os objetivos estratégicos da empresa, otimizando processos e reduzindo custos. Ou seja, o CFO moderno pode ser o protagonista na liderança da transformação, inspirando a equipe e promovendo uma cultura de inovação dentro da organização.

Mais do que contribuir para a empresa, o bom uso da IA pode impulsionar a carreira do CFO. O domínio da IA aumenta a competitividade e empregabilidade do CFO no mercado de trabalho. Em um ambiente onde a tecnologia é onipresente, um CFO com conhecimentos sólidos em IA se destaca como um profissional atualizado e preparado para enfrentar os desafios da era digital, abrindo portas para oportunidades em empresas inovadoras. A presença de IA no currículo de um CFO é um diferencial que pode ser decisivo em processos seletivos. Em segundo lugar, compreender como a IA pode ser aplicada em diferentes contextos financeiros e de negócios enriquece sua perspectiva e capacidade de tomar decisões, preparando-o para assumir posições de liderança mais abrangentes no futuro.

Concluindo, a inovação através da IA não é apenas uma necessidade estratégica no ambiente empresarial atual, mas uma adição valiosa ao conjunto de habilidades de um CFO moderno. Continue investindo no aprendizado de IA para seu desenvolvimento e prospere em um ambiente de negócios dinâmico e em constante mudança.

Unindo pessoas e tecnologia para multiplicar resultados - por Antonio Muniz

Você já deve ter ouvido falar que a tecnologia vai substituir as pessoas nas empresas, mas acredito que a melhor interpretação no mundo atual é que as pessoas que sabem utilizar tecnologia é que substituirão quem não se atualizar nesse mundo tão acelerado em que vivemos.

A verdade é que as tecnologias sempre estiveram ao nosso redor, mas a popularização da inteligência artificial (IA) cresceu exponencialmente com a adoção acelerada do ChatGPT em 2023, trazendo reflexões importantes sobre o papel das pessoas nesse mundo em que as habilidades humanas precisam estar no lugar adequado para não perder a relevância quando comparamos com a velocidade e confiabilidade das máquinas. Uma das grandes diferenças com a popularização da IA é que não somente os trabalhadores com menos especialização serão impactados, como já ocorreu nas revoluções anteriores.

Desde o seu lançamento em novembro de 2022, o ChatGPT está estremecendo o mundo dos negócios por concretizar ações inimagináveis há algum tempo, mas que muitos especialistas já imaginavam ser possível com o poder da inteligência artificial.

O ChatGPT pode ser classificado como uma IA generativa e representa uma evolução significativa em comparação aos modelos tradicionais:

1. Capacidade de criar conteúdo original, enquanto a IA tradicional é mais voltada para classificar e reconhecer informações preexistentes.

2. Flexibilidade e adaptabilidade em relação às abordagens anteriores por ser treinada para aprender e sintetizar informações de várias fontes, gerando resultados criativos e personalizados.

3. Explora e modela distribuições de probabilidade complexas, podendo entender e representar melhor a incerteza e gerar resultados que se assemelham às amostras do mundo real.

4. Se por um lado as abordagens tradicionais de IA dependem de grandes quantidades de dados rotulados para treinamento, a IA generativa pode aprender de forma mais eficiente, extraindo informações úteis de conjuntos de dados não rotulados e tornando o processo de treinamento mais eficiente.

5. Potencial significativo para impulsionar a criatividade e a inovação ao gerar conteúdo original e construir resultados surpreendentes em diversas áreas como design, arte, música e escrita criativa.

Outro motivo de tanto destaque para o ChatGPT é a sua velocidade de adoção. Em janeiro de 2023, tornou-se o app com o maior crescimento da história com 100 milhões de usuários após dois meses do seu lançamento em novembro de 2022. Anteriormente, o TikTok detinha esse recorde, com oito meses. O Instagram levou quase três anos para atingir esta marca.

Embora a tecnologia esteja em constante evolução, as pessoas continuam tendo diferenciais em relação às máquinas.

O Fórum Econômico Mundial (World Economic Forum – WEF) publica relatórios periódicos sobre o futuro do trabalho, incluindo informações sobre as habilidades mais valorizadas no mercado de trabalho. Embora cada versão do relatório "The Future of Jobs" destaque uma prioridade das habilidades humanas, destaco a seguir as habilidades que costumam aparecer em várias edições:

- **Resolução de problemas complexos:** a capacidade de identificar e resolver problemas desafiadores e não triviais é fundamental em um mundo em constante mudança e incerto.

- **Pensamento crítico:** avaliar informações de maneira objetiva e analítica e tomar decisões informadas é uma habilidade valiosa em muitos contextos profissionais.

- **Criatividade:** a capacidade de gerar ideias e soluções inovadoras é cada vez mais importante à medida que as organizações buscam se diferenciar e se adaptar às mudanças do mercado.

- **Gerenciamento de pessoas:** liderar, motivar e desenvolver equipes é uma habilidade essencial para enfrentar os desafios organizacionais e promover a colaboração e a produtividade.

- **Coordenação com os outros:** trabalhar efetivamente com outras pessoas, ajustando-se às suas ações e comunicando-se de maneira clara e eficiente, é crucial para o sucesso no ambiente de trabalho moderno.

- **Inteligência emocional:** compreender e gerenciar as próprias emoções e as dos outros é uma habilidade importante para construir relacionamentos, trabalhar em equipe e navegar em situações sociais complexas.

- **Tomada de decisão e análise de dados:** a capacidade de analisar dados e tomar decisões informadas com base nessas análises é cada vez mais importante à medida que as organizações dependem mais de dados para orientar suas estratégias e operações.

- **Orientação para o serviço:** ser capaz de identificar e atender às necessidades dos clientes e fornecer soluções eficazes é uma habilidade-chave em muitos setores.

- **Negociação:** a habilidade de negociar efetivamente e chegar a acordos mutuamente benéficos é importante para construir relacionamentos e alcançar resultados desejados.

- **Flexibilidade cognitiva:** adaptar-se às novas informações e às abordagens e ajustar o pensamento de acordo com diferentes contextos é fundamental em um ambiente de negócios em constante mudança.

Considero que a tecnologia otimiza nosso tempo, aumenta a produtividade, reduz riscos de erro humano e melhora os resultados financeiros, mas as pessoas continuam tendo diferenciais em relação às máquinas.

Conclusão

Inovação é um caminho sem volta e fundamental no papel de um CFO Moderno. Um pilar financeiro que segue com a mesma importância que estratégia, controle e pessoas. É um tema que atravessa todos os pilares e que estimula um olhar para o futuro desafiador e cada vez mais inovador.

Encerro minha contribuição nos capítulos até aqui e seguimos com a visão 360º desses pilares da liderança financeira no olhar de colegas renomados e admiráveis do mercado.

Parte 3

Vozes do sucesso: participação dos convidados na jornada do CFO Moderno.

Na concepção deste projeto, que busca narrar e estruturar o papel do CFO moderno, após abordar os quatro pilares fundamentais, tornou-se essencial proporcionar uma visão abrangente, enriquecendo a narrativa com vozes de pessoas que compartilharam essa jornada comigo e por elas nutro imensa admiração.

“A coragem de ousar a pensar fora da caixa. O privilégio de ter tido um gestor mentor!”

CAPÍTULO 8

A influência do gestor no desenvolvimento e na preparação de um CFO excepcional

Nuno Verças

No mundo em constante evolução dos negócios, meu papel como gestor para influenciar no desenvolvimento e na preparação de um CFO passou por transformações significativas. Não me limito mais à análise de números e à gestão de orçamentos.

Hoje, esperam que o CFO seja um parceiro estratégico, um hábil gestor de riscos e um líder visionário. Diante dessas expectativas elevadas, surge a pergunta: como posso identificar o potencial latente nos profissionais financeiros em ascensão e prepará-los para se tornarem excelentes CFOs? A resposta está na arte da provocação.

No contexto profissional, a provocação não envolve causar irritação, mas sim desafiar nossa equipe a pensar profundamente, abraçar a incerteza e aprender com a adversidade. Ao criar condições para que nossos profissionais enfrentem desafios, podemos identificar aqueles com a agilidade, resiliência e visão necessárias para o cargo de CFO.

Através da provocação, podemos recriar esses cenários para avaliar como um candidato a CFO lida com as adversidades, sua capacidade de manter a calma sob pressão e buscar soluções inovadoras. Aplicamos a provocação por meio de técnicas como simulações de cenários, atribuições desafiadoras e oferecendo feedback contínuo. No entanto, é importante equilibrar a provocação com o apoio adequado, evitando causar estresse excessivo.

O resultado desse processo é a formação de um CFO completo, capaz de liderar as finanças da empresa, colaborar eficazmente com outras áreas, compreender os mercados globais e inovar continuamente. Usando a provocação estrategicamente, podemos identificar aqueles com coragem, visão e adaptabilidade necessárias para o desafiador papel de um CFO moderno, moldando assim o sucesso financeiro futuro e a resiliência da organização.

Oportunidades de crescimento baseadas na ambição

Em minha jornada de desenvolvimento, descobri uma qualidade que frequentemente é subestimada, mas que desempenha um papel essencial: a ambição.

Aprendi a reconhecer e aproveitar o poder da ambição, pois ela desempenha um papel fundamental na trajetória de sucesso desses profissionais. Permita-me compartilhar um exemplo de como a ambição moldou a carreira de Patricia, um dos talentos que tive a oportunidade de orientar.

Para Patricia, a ambição sempre foi um combustível que a impulsionou a buscar realizações mais elevadas. No contexto empresarial, sua motivação intrínseca a levou a buscar domínio e impacto profissional, em vez de ser motivada por ego ou títulos.

Essa ambição a impeliu a perseverar, a buscar continuamente o aprendizado e a inspirar a liderança.

No papel expandido de um CFO, que vai além da gestão financeira tradicional e engloba parceria estratégica, inovação e liderança organizacional, a ambição se tornou indispensável para Patricia. Ela compreendeu que para ser eficaz nessa função, precisava manter sua sede constante por conhecimento e buscar ativamente novas informações e experiências.

Como seu mentor, busquei desempenhar um papel fundamental no apoio a essa sede de aprendizado contínuo. Proporcionei oportunidades de crescimento personalizadas, reconhecendo que a ambição é pessoal e diversificada. Isso incluiu atribuir desafios extensos e projetos de alto risco, expondo-a a experiências enriquecedoras que a ajudaram a crescer.

Além disso, Patricia entendeu a importância da colaboração em um ambiente de negócios em constante evolução. Ela buscava ativamente parcerias com outras áreas, reconhecendo a interconexão entre as decisões financeiras e todos os aspectos do negócio.

A mentoria desempenhou um papel importante em sua jornada, fornecendo insights valiosos, orientação e oportunidades de networking. Incentivamos uma cultura que celebrava os fracassos como oportunidades de aprendizado, em vez de temê-los, o que permitiu a Patricia crescer e se adaptar rapidamente.

Por meio de feedback regular e construtivo, atuamos como bússola, direcionando a ambição em direção a um crescimento significativo. Incentivar a autorreflexão foi essencial para garantir que permanecesse alinhada com seus objetivos pessoais e profissionais.

A ambição, quando direcionada de maneira construtiva, é uma força poderosa que impulsiona o crescimento e o sucesso.

Mentoria e Orientação

A mentoria e a orientação desempenham um papel fundamental no desenvolvimento do CFO de excelência e moderno, desde que sejam coesas e alinhadas com os objetivos da organização.

Para mim, a coerência na mentoria e orientação significa uma abordagem integrada que considera os objetivos estratégicos da empresa, as necessidades individuais e as demandas do cargo de CFO. Isso assegura que o processo não seja uma série desconexa de atividades, mas sim uma jornada contínua em direção à busca de excelência profissional.

Eu vejo a importância da mentoria e orientação de diversas maneiras:

1. **Desenvolvimento Personalizado:** Um CFO moderno deve ter habilidades multifacetadas. A mentoria personaliza o desenvolvimento, levando em conta as necessidades específicas do indivíduo e criando um plano sob medida.
2. **Suprimento de Lacunas de Competência:** A transição de um especialista financeiro para um CFO exige a aquisição de diversas

habilidades, incluindo liderança, comunicação e pensamento estratégico. A orientação oferece experiências de aprendizado específicas para preencher essas lacunas.

3. **Apoio em Transições:** Seja assumindo novas responsabilidades, liderando projetos importantes ou enfrentando mudanças organizacionais, um mentor fornece apoio, insights e motivação.

4. **Promoção de uma Mentalidade de Crescimento:** Um mentor não apenas compartilha conhecimento, mas também estimula o crescimento contínuo, incentivando a busca por oportunidades de aprendizado e a adaptação a novos desafios.

5. **Ênfase na Liderança Ética:** Um CFO moderno deve ser um líder ético. A integração de considerações éticas na mentoria assegura uma abordagem consistente com a liderança responsável.

Para mim, a mentoria e a orientação, quando aplicadas com coerência, não são apenas um sistema de apoio, mas um processo estratégico que integra o crescimento individual com a estratégia da organização. Em uma época de mudanças constantes e necessidade de adaptação, vejo a coerência nessa abordagem como um guia seguro para o desenvolvimento, preparando não apenas para executar funções, mas também para liderar, inovar e se destacar no mercado.

Estímulo à Inovação e à Visão Estratégica

Na minha trajetória como mentor, aprendi a importância da inovação e da visão estratégica na formação de profissionais excepcionais, e um dos exemplos mais notáveis dessa jornada é a Patricia, cuja carreira como CFO se beneficiou significativamente dessas habilidades.

A inovação, na carreira da Patricia, deixou de ser uma mera palavra para se tornar uma mentalidade. Ela compreendeu que a inovação não é apenas gerar novas ideias, mas aplicar essas ideias de maneira estratégica.

Um exemplo concreto de como Patricia aplicou essas habilidades ocorreu quando a empresa enfrentou desafios em um mercado altamente competitivo. Ela identificou oportunidades de inovação em suas operações financeiras e liderou a equipe na implementação de práticas financeiras inovadoras, como a automação de processos, que melhoraram a eficiência e reduziram custos.

Como mentor, minha abordagem é voltada para criar um ambiente favorável à inovação. Isso envolve promover uma cultura na empresa onde novas ideias são incentivadas e recompensadas. Para Patricia, isso se traduziu em um aumento de motivação, uma vez que ela sabia que suas ideias eram valorizadas.

Além disso, ela compreendeu que a inovação muitas vezes surgia da colaboração entre departamentos. Isso a levou a incentivar ativamente a colaboração multifuncional, o que gerou novos insights e ideias para a empresa. Ela também percebeu que a inovação envolve riscos, mas com o apoio certo, esses riscos podem ser transformados em oportunidades de aprendizagem.

A inovação e a visão estratégica não são apenas palavras vazias, mas princípios que moldam a carreira. Patricia é um testemunho vivo de como a formação de CFOs excepcionais exige a incorporação contínua dessas habilidades críticas.

Ética e Integridade

Neste papel de desenvolver CFOs, entendo que, juntamente com a perspicácia financeira, a visão estratégica e a inovação, os pilares essenciais da ética e da integridade são virtudes inegociáveis. Esses princípios moldam meu caráter profissional como CFO e refletem a bússola moral da organização.

Para mim, ética refere-se a um conjunto de princípios morais que guiam as decisões e o comportamento, enquanto integridade é a qualidade de ser honesto e manter fortes princípios morais. E como isso se materializa na carreira de CFO? A resposta encontra-se nos pilares que representam:

Transparência nos Relatórios Financeiros: É essencial garantir que as informações financeiras sejam reportadas de forma precisa, justa e em conformidade com todos os regulamentos.

Tomada de Decisão Responsável: Considero o impacto das decisões não apenas nos lucros, mas também nos funcionários, nas partes interessadas, na sociedade e no meio ambiente.

Confiança e Credibilidade: Trabalho constantemente para construir confiança entre as partes interessadas, mantendo a consistência entre minhas palavras e ações.

Aderir à ética e à integridade garante que a empresa cumpra com os requisitos legais e regulatórios cada vez mais rigorosos. Manter a confiança das partes interessadas, como investidores, clientes e funcionários é fundamental, pois eles confiam em empresas que seguem princípios éticos e demonstram integridade.

Decisões éticas e integridade frequentemente levam a práticas sustentáveis que beneficiam a organização a longo prazo. Como mentor, acredito que os gestores devem servir como modelos de ética e integridade para os futuros CFOs, demonstrando compromisso com esses princípios por meio de suas ações. Cultivar uma cultura ética no ambiente de trabalho, onde o comportamento ético seja valorizado e recompensado, promove um ambiente onde a ética e a integridade prosperam.

Ao moldar o CFO moderno, os gestores estão desenvolvendo um líder financeiro e esculpindo um administrador ético, um guardião da integridade e um farol de excelência moral. É uma função que transcende meras responsabilidades profissionais, alcançando o domínio do impacto social e do legado duradouro.

Monitoramento e Direção

A coerência entre monitoramento e direção desempenha um papel importante na formação de líderes financeiros de destaque.

Pude testemunhar como Patricia entendeu que a coerência é o elo que une os diversos aspectos do desenvolvimento de um CFO moderno. Ela não via o monitoramento e a direção como atividades isoladas, mas sim como duas faces da mesma moeda, complementando-se de maneira essencial.

Patricia compreendeu que a coerência entre monitoramento e direção era fundamental para a promoção de competências de liderança. Me orgulho de tê-la ajudado a desenvolver habilidades e exposição a cargos de liderança. Com a direção adequada, ela aprendeu a orientar sua equipe para adotar uma abordagem estratégica alinhada com a visão de longo prazo da organização.

O monitoramento contínuo, baseado em dados, oferece informações em tempo real que permitem uma direção dinâmica e ajustável. Alterar estratégias com base no progresso e nos desafios reais é um diferencial que, ao meu ver, faz da Patricia uma líder ágil.

Adotar um ciclo de feedback contínuo entre monitoramento e direção, ajuda a integrar rapidamente as lições aprendidas durante o processo de desenvolvimento, garantindo o alinhamento dos objetivos.

Em suma, tenho a segurança de afirmar que a coerência entre monitoramento e direção moldou Patricia como um CFO moderno de destaque. Através desse processo de acompanhamento constante, direcionamento estratégico e feedback contínuo, ela se integrou naturalmente à cultura e aos valores da organização, tornando-se uma líder financeira altamente competente e eficaz.

Estimulando uma Cultura de Inovação, Reconhecimento e Recompensa

O contexto de ser ousado acrescenta uma dimensão estimulante a esta busca, encorajando os gestores a aventurarem-se além dos métodos tradicionais. Ser ousado é ousar ser diferente, pensar fora da caixa e fomentar uma busca destemida pela inovação. Requer desafiar a sabedoria convencional, assumir riscos calculados e criar um ambiente seguro para experimentação. Esta abordagem ousada abre caminho para o desenvolvimento de um CFO moderno, armado com criatividade, agilidade e apetite por inovação.

A coragem de ousar e de pensar fora da caixa permitiu a Patricia e sua equipe desenvolverem soluções criativas para desafios complexos. Ao estimular a inovação, Patricia compreendeu a importância de criar um ambiente seguro que encorajasse sua equipe a experimentar ideias novas sem o medo do fracasso.

Outro ponto interessante foi a necessidade em reconhecer e celebrar a criatividade e o sucesso. Ela fez questão de valorizar o empenho e as conquistas de sua equipe. Tal atitude, criou um sentimento de orgulho e motivação entre os colaboradores. Patricia valoriza ideias e projetos inovadores, promovendo uma cultura onde a criatividade é incentivada e valorizada. O reconhecimento personalizado, levando em consideração o que impulsiona cada membro da equipe, teve um impacto profundo e duradouro.

O ciclo virtuoso entre inovação, reconhecimento e recompensa impulsiona o crescimento contínuo. Promover uma cultura onde ideias ousadas prosperem, conquistas sejam celebradas e a inovação torna-se uma realidade vivida é essencial para o desenvolvimento de um CFO moderno.

Muito me alegro, ao olhar para Patricia e perceber que ela incorporou o espírito da era moderna em sua jornada como CFO. Ela abraçou a coragem, a convicção e a criatividade como parte de seu papel, demonstrando que ser ousado vai além do conhecimento técnico. Ela é um exemplo inspirador de como a ousadia e a inovação podem moldar uma carreira de CFO de forma excepcional.

Fico feliz e orgulhoso de ter construído uma amizade que transcende os nossos anos de relação profissional e é baseada em pilares de personalidade e valores alinhados.

“Como exercitar a visão estratégica? Os desafios de ser uma gestora mentora!”

CAPÍTULO 9

O impacto transformador de ser gerido por uma CFO: desafios e oportunidades na carreira profissional

Aline Senefonte

Na trilha profissional, os indivíduos frequentemente buscam orientação, liderança e um ambiente propício para o crescimento pessoal e profissional. Uma experiência que pode ser verdadeiramente transformadora é ser gerido por uma CFO competente e inspiradora. A figura do CFO transcende a esfera meramente financeira e estratégica; ela se estende para a formação de uma cultura organizacional, desenvolvimento de competências técnicas e a abertura de portas para inúmeras oportunidades de carreira.

A busca por sucesso profissional muitas vezes se assemelha a uma jornada complexa, onde aspirações individuais encontram-se com desafios e obstáculos que demandam orientação e liderança eficazes. Nesse contexto, ter a oportunidade de ser gerido por uma CFO experiente e motivadora é um catalisador poderoso de crescimento e transformação. A figura do CFO, muitas vezes percebida apenas como a cabeça financeira de uma organização, desdobra-se em um papel que vai além de números e planilhas. Essa figura se torna um farol de orientação e sabedoria em meio a um cenário empresarial muitas vezes turbulento.

O Poder da Orientação e Mentoria

Além de ser uma líder, Patricia desempenha o papel de uma mentora. Ela traz consigo um vasto conhecimento e entendimento sobre a dinâmica dos negócios, estratégias financeiras e tomada de decisões. A orientação direta de uma CFO habilidosa pode acelerar o desenvolvimento de competências técnicas, fornecendo insights práticos que não são encontrados nos manuais acadêmicos. Essa orientação acelera o aprendizado e fornece clareza sobre a aplicação prática dos conceitos teóricos.

Uma CFO qualificada é como uma bússola confiável, orientando os profissionais através das complexidades do oceano de desafios e oportunidades que definem suas trajetórias. Ela carrega consigo um vasto conhecimento, acumulado ao longo de anos de experiência no setor financeiro e empresarial. Esse conhecimento não é apenas teórico, mas foi moldado e aprimorado através de decisões, sucessos e dificuldades. Como mentora, Patricia compartilha esses insights valiosos com os liderados, oferecendo uma visão privilegiada das dinâmicas complexas dos negócios.

Além disso, a mentoria da Patricia proporciona clareza sobre a aplicação prática de conceitos teóricos. Muitas vezes, as teorias ensinadas em ambientes acadêmicos podem parecer abstratas até que sejam aplicadas em situações do mundo real. Através de orientação, os liderados entendem como os conceitos se traduzem em ações concretas e compreendem os fatores que influenciam as decisões e as consequências que podem surgir. Essa mentoria é uma oportunidade valiosa para adquirir sabedoria, conhecimento e clareza, que vão além das páginas dos manuais acadêmicos.

Na trilha da carreira profissional, uma das lições mais valiosas que uma CFO pode proporcionar é a arte de engajar pessoas na visão estratégica e transformar planos em realidade. A jornada rumo ao sucesso organizacional é uma maratona que envolve mais do que soluções financeiras e metas traçadas. Os profissionais descobrem que a habilidade de engajar os membros da equipe na visão estratégica é essencial para transformar um plano estratégico em realidade concreta.

Uma lição fundamental que essa mentoria destaca é que a colaboração é o alicerce de qualquer empreendimento bem-sucedido. Os profissionais compreendem que, mesmo com conhecimentos técnicos excepcionais, não podem alcançar grandes feitos sozinhos. É o trabalho conjunto, a sinergia entre diferentes habilidades e perspectivas, que impulsiona a execução eficaz dos planos estratégicos.

Entretanto, na jornada de transformar estratégia em ação, é inevitável encontrar obstáculos na comunicação e na compreensão da visão estratégica. O jogo de cintura necessário para superar esses obstáculos é algo que só é verdadeiramente aprendido na prática e sob a orientação de pessoas que já passaram por contratempos semelhantes inúmeras vezes.

A experiência compartilhada oferece insights práticos sobre como navegar por desafios e como alinhar a opiniões, mesmo quando surgem discordâncias. Além disso, esta mentora também é uma mestra na arte de transmitir mensagens difíceis de maneira eloquente, assertiva e não agressiva, mantendo a coesão e o entendimento entre as partes envolvidas.

Habilidade Estratégica de uma CFO e Impacto nos Liderados

Uma CFO experiente é capaz de enxergar além dos números e relatórios financeiros. Ela compreende que as decisões financeiras são tomadas dentro de um contexto mais amplo de objetivos corporativos, tendências de mercado e mudanças econômicas. Essa visão ampla e interconectada é uma lição valiosa para os liderados, que muitas vezes podem ficar imersos em suas próprias tarefas e metas específicas. Breves reuniões com a CFO proporcionam insights comparáveis às aulas intensivas de MBA, desafiando os liderados a considerar os aspectos mais amplos do mundo dos negócios.

Essa abordagem holística promove um ambiente de desenvolvimento profissional que valoriza a perspectiva estratégica, inspirando os liderados a adotar uma visão de longo prazo na resolução de desafios. Essa mentalidade fortalece suas habilidades de tomada de decisões e enriquece seu conjunto de competências, preparando-os para futuros cargos de liderança. Além disso, o impacto do CFO transcende a esfera individual, moldando ativamente a cultura organizacional. Além de influenciar as estratégias financeiras, ela estabelece um exemplo de ética, integridade e comprometimento, criando um ambiente que valoriza a excelência e a colaboração. Essa influência cultural pode impregnar todos os aspectos da carreira profissional, criando uma mentalidade que transcende o departamento financeiro.

Cultura de Inovação, Ética e Liderança de uma CFO Visionária

A área financeira, frequentemente vista como tradicional e reativa, tem a chance de redefinir seu papel na empresa sob a liderança de uma CFO visionária. Quando o departamento financeiro se torna protagonista na adoção de tecnologia e inovação, ele pode desencadear uma quebra de paradigma que reverbera por toda a organização.

Tradicionalmente, o departamento financeiro era frequentemente visto como uma área que respondia às novas tecnologias de maneira reativa. No entanto, essa abordagem pode ser transformada. O poder da liderança da CFO é desencadear uma mudança cultural que coloca o departamento financeiro no centro do desenvolvimento tecnológico, permitindo-lhes ser agentes de mudança e inovação.

Um bom exemplo é o trabalho disruptivo que liderei em conjunto com a Patricia. Ela sempre me inspira a procurar maneiras de melhorar a eficiência do departamento de FP&A, utilizando as novas formas de inovação. Ao sermos confrontadas com uma realidade impactante, na qual um funcionário dedicava cerca de 70% do seu tempo em responder às perguntas dos gerentes comerciais sobre dados de clientes para personalizar propostas financeiras, identificamos uma oportunidade de eficiência e de inovação.

Lideramos um projeto para criar um chatbot baseado em inteligência artificial. Inicialmente projetado para resolver uma dor específica, o chatbot evoluiu para se tornar uma ferramenta que democratiza o acesso às informações, aos dados e aos conhecimentos em toda a instituição. Este projeto não apenas implementou um chatbot comum, mas quebrou paradigmas. A área financeira assumiu a liderança no desenvolvimento tecnológico, desafiando a convenção de que apenas profissionais de TI podem liderar projetos de tecnologia.

Utilizando plataformas low-code, que permitem criar aplicativos de software com um mínimo de programação manual, nossa equipe de FP&A criou uma solução que transformou a forma como as informações eram disseminadas na organização. O resultado foi revolucionário: as informações chegaram aos gerentes em tempo real, permitindo uma tomada de decisões mais informada e centrada no cliente.

O cliente foi colocado no centro da estratégia, com dados sendo usados para personalizar interações, a eficiência foi aprimorada, eliminando a necessidade de funcionários dedicarem grande parte de seu tempo a tarefas manuais, liberando-os para atividades mais estratégicas.

A liderança visionária de uma CFO experiente como a Patricia pode desencadear uma cultura de inovação. Ela pode levar a uma redefinição do papel financeiro, permitindo-lhes liderar o desenvolvimento tecnológico e assumir uma função proeminente na transformação da organização.

Desenvolvimento de Competências Técnicas sob a Orientação de uma CFO Habilidosa

A vasta experiência e conhecimento de uma CFO enriquecem o repertório e ajudam a moldar uma compreensão profunda das nuances do campo financeiro. Por meio de orientação prática, a CFO pode identificar as habilidades críticas necessárias para o sucesso no setor financeiro e direcionar os liderados para treinamentos, cursos e oportunidades que os capacitem a alcançar a excelência. Identificando, assim, oportunidades de aprendizado que se alinham com os projetos e objetivos específicos, criando uma sinergia entre a aquisição de competências e a aplicação prática. Essa abordagem integrada permite que os liderados desenvolvam habilidades e as utilizem imediatamente para resolver desafios reais, consolidando o aprendizado de maneira tangível.

O impacto desse desenvolvimento de competências técnicas é significativo. Os liderados se tornam mais confiantes em suas habilidades, o que se reflete em seu desempenho e contribui para uma organização mais forte. Além disso, eles estão melhor preparados para enfrentar as mudanças dinâmicas do ambiente de negócios e prosperar em um ambiente empresarial em constante mudança. A competência técnica é a espinha dorsal de uma carreira de sucesso.

Superando Desafios sob uma Liderança Feminina

A presença marcante de uma CFO que conquistou vitórias em um cenário predominantemente masculino inspira e desafia a própria essência das limitações de gênero. A jornada de superação dessa líder é muito mais do que um exemplo de sucesso individual. Ela é um símbolo vivo que prova que as barreiras de gênero não podem deter a ascensão de talentos brilhantes. A trajetória dessa CFO transcende os limites da organização, ecoando nas aspirações de todas as mulheres que almejam liderar em setores tradicionalmente dominados por homens. A orientação fornecida por essa CFO abre portas para o potencial das mulheres em cargos de destaque e molda um futuro mais inclusivo e igualitário.

A influência e o exemplo dessa CFO beneficia as mulheres que buscam posições de liderança e valoriza a cultura organizacional como um todo. Sua presença desafia paradigmas, estabelece novos padrões para a igualdade de gênero e molda uma atmosfera na qual todas as vozes são ouvidas e valorizadas. Seu impacto transcende a esfera individual, influenciando positivamente a maneira como toda a organização encara, respeita e promove a liderança feminina.

A liderança estratégica de uma CFO transcende o microcosmo das finanças. Ela influencia a visão de longo prazo da organização e alinha os objetivos financeiros com a estratégia global. Essa liderança impacta na lucratividade e promove uma cultura de pensamento estratégico em toda a equipe. Os liderados são expostos a uma mentalidade que olha para além dos números, considerando o panorama geral e antecipando os desafios futuros.

A ênfase na inovação e ética é um pilar fundamental da orientação de uma CFO competente. Sob sua liderança, os liderados aprendem a abraçar a mudança e a pensar de maneira criativa para enfrentar os desafios. A cultura de inovação impulsiona a organização a permanecer relevante e ágil em um ambiente empresarial em constante evolução. Além disso, a ênfase na ética e integridade cria um ambiente de confiança onde as decisões são pautadas não apenas pelo ganho financeiro, mas também pelo impacto moral e social.

Além disso, a orientação de uma CFO competente abre portas para oportunidades de carreira. A rede de contatos, a exposição a desafios estratégicos e a experiência em lidar com situações complexas são ativos inestimáveis que impulsionam a trajetória profissional dos liderados. Eles são preparados para ocupar posições de liderança não apenas em finanças, mas também em outras áreas da organização, graças à visão ampla que adquiriram sob a orientação da CFO.

Em nome de todos que tiveram o privilégio de serem guiados por uma CFO tão inspiradora, expresso minha mais profunda gratidão por compartilhar sua sabedoria, visão e paixão. Que seu legado de liderança continue a iluminar o caminho da excelência, da resiliência e do sucesso para todos aqueles que têm o privilégio de seguir seus passos. Obrigada por ser uma fonte inestimável de inspiração e orientação.

“

O poder da Sororidade!

”

CAPÍTULO 10

O CFO moderno, a sororidade financeira e a inovação empresarial

Stania Moraes

Trazendo um pouco da minha experiência profissional por mais de 30 anos na área financeira, tenho a liberdade de afirmar que o profissional de finanças se transformou ao longo desses anos. Quando me formei e iniciei a minha trajetória, no início dos anos 90, confesso que tinha como um grande desafio entender o funcionamento de uma empresa. Ao concluir a universidade, com apenas 21 anos de idade, iniciei minha carreira em uma empresa de capital aberto no mercado industrial de siderurgia, fabricação de ferro gusa, que atuava nos mercados interno e externo.

Naquela época, esperava-se que os profissionais fossem capazes de entregar relatórios fiscais tanto internamente quanto externamente. Embora o processo fosse manual, nada era previsível. Em 1990, enfrentamos o congelamento da poupança em 50 mil moedas da época, um desafio tão grande que paralisou as operações até que os anúncios do governo permitissem a continuidade. Sempre lidamos com desafios políticos no Brasil, o que nos garante flexibilidade e capacidade de adaptação às mudanças com mais facilidade.

Nosso foco era predominantemente fiscal, com uma grande ênfase na entrega de relatórios obrigatórios para cumprir as leis. Além das exigências legais, seguíamos diretrizes internas da empresa, incluindo auditorias internas e externas para garantir a precisão dos relatórios. Desde então, me envolvi diretamente com a produção e as fazendas da empresa para entender melhor o processo produtivo e registrar todas as transações contábeis de forma precisa.

O que se espera do profissional de finanças hoje? Além das entregas determinadas por lei, ele deve resolver problemas, ser orientado por dados, saber contar histórias, ser um entusiasta e, acima de tudo, ser um parceiro dos negócios. Hoje, temos a tecnologia a nosso favor, permitindo entregas mais rápidas e estruturadas.

Atualmente, temos a capacidade de receber e processar milhares de informações em segundos, aumentando a precisão dos resultados. O grande diferencial do profissional de finanças está na rapidez da entrega, na flexibilização para apresentar múltiplos cenários e na habilidade de resolver problemas. Trazer soluções é o que esperam de nós, temos que ser responsáveis na utilização dos dados e na condução das situações desafiadoras. Como profissionais de finanças, temos o privilégio de conhecer e transitar por toda a empresa, aumentando nosso conhecimento do negócio e criando os laços necessários para a realização do nosso trabalho.

Gostaria de compartilhar um caso que destaca a importância do papel do CFO. Em um determinado momento da minha carreira, estava conversando com alguns colegas da área de vendas. Durante a conversa, um deles se aproximou de mim e disse: 'Stania, tenho um aprendizado que quero dividir com você... durante a minha carreira, o SIM do financeiro não tem valor algum, mas o NÃO nos derruba.

Hoje, conto essa experiência com algumas reflexões. É necessário e importante dizer não, porém o mais importante é como dizer não. Como parceiros, devemos analisar cuidadosamente os planos com a área de negócios, interagir e entender a fundo para que, quando precisarmos dizer não, sejamos compreendidos. Juntos, podemos encontrar outras soluções para os negócios e preservar a perenidade da empresa, pois somos todos responsáveis por ela. Certo?

Compartilho minha experiência de crescimento profissional ao lado das áreas de negócios e engenharia, busquei entender suas necessidades e me tornar parte do negócio da empresa na qual atuei como CFO. Trabalhando juntos, encontramos as melhores soluções para a empresa.

Entendo que a parceria faz toda a diferença. Com o apoio crescente da tecnologia, devemos buscar sinergias cada vez maiores na área de negócios da empresa.

Sororidade no Mundo Financeiro: Empoderando Mulheres para o Sucesso

Conceito novo em nosso vocabulário...como falar de irmandade num país com tantas diversidades?

Vamos decifrar o conceito de sororidade. Embora seja frequentemente usado para designar a aliança entre mulheres de forma geral, é muito mais do que isso. Em inglês, 'sorority' é um termo comum, usado para se referir às sociedades ou às associações harmoniosas, especialmente em comunidades estudantis nos Estados Unidos. Nesses contextos, as estudantes mulheres se organizam em 'sororities', enquanto os estudantes homens formam 'fraternities'

A origem do termo 'sororidade' é a palavra latina 'soror', que significa irmã, assim como 'fraternidade' vem do latim 'frater', que significa irmão. No dicionário, encontramos diversos significados, como solidariedade entre irmãos, convivência harmoniosa, amor ao próximo, e associação harmoniosa com fins sociais, culturais, políticos ou religiosos.

Sororidade não é apenas a versão feminina de fraternidade. O termo incorpora vários significados, como solidariedade entre irmãs, harmonia e, acima de tudo, aliança feminina. Seu maior impacto está na luta contra a violência e a injustiça relacionadas ao gênero, sugerindo que, por meio do apoio mútuo e coletivo entre as mulheres, é possível lutar pelos direitos de todas as mulheres.

Um dos maiores desafios na área de finanças é fortalecer essa realidade, buscando ser exemplos e encontrar exemplos de mulheres bem-sucedidas. Isso nos permite encorajar cada vez mais mulheres a assumirem liderança na área financeira. De acordo com alguns estudos, atualmente apenas 15% das posições de alta liderança em grandes empresas são ocupadas por mulheres, embora haja um crescimento mais expressivo nas médias e altas gerências, nas quais 35% dos cargos são ocupados por mulheres.

Observo que cada vez mais mulheres e homens estão discutindo abertamente sobre a importância da sororidade em todas as partes do mundo. Temos visto diversos filmes e livros sobre o tema, e essa abordagem está ganhando cada vez mais aliados, fortalecendo as mulheres para que vivam seu máximo potencial na sociedade e nas empresas.

Hoje, também notamos que as mulheres mais jovens têm uma postura com maior poder de articulação e se permitem expressar com um pensamento mais diverso e argumentos convincentes, argumentando que o machismo não deveria mais existir em nossa sociedade.

Como criar uma cultura de colaboração em vez de competição? Penso que isso deve começar com uma verdadeira intenção de colaborar. Quando uma mulher alcança uma posição de liderança, devemos apoiá-la, aplaudi-la e sentir-nos representadas. Devemos demonstrar respeito pela trajetória de cada uma, buscar exemplos e entender que é possível criar uma corrente positiva, na qual uma mulher apoia genuinamente a outra.

É importante lembrar que ao apoiarmos as mulheres em sua trajetória, tornamos mais possível a entrada de mais mulheres na liderança. Isso ocorre porque tendemos a contratar pessoas semelhantes a nós. Por exemplo, se temos uma mulher na liderança, é mais provável que ela contrate outras mulheres por se identificar com elas. Este é um fenômeno já comprovado por estudos, que justifica o motivo de termos mais homens na liderança até então, devido ao viés inconsciente de contratar pessoas semelhantes, ou seja, outros homens.

A oportunidade de apoio mútuo entre mulheres certamente está no processo de networking, que é uma via de mão dupla. Começa com a construção de uma rede de apoio na qual você se conecta com pessoas em diferentes posições que podem contribuir para o crescimento de sua rede de contatos, essencial para nosso desenvolvimento. Como sabemos, networking não se resume a ter o contato de alguém, mas sim a manter esse contato vivo e estar presente na vida das pessoas genuinamente.

Tenho uma regra pessoal que considero essencial para obter sucesso em nosso networking: cultivar genuinamente as relações, em uma atitude positiva de troca verdadeira, e dedicar um certo tempo para essas atividades, como participar de eventos e estar em grupos diversos, para manter nossa rede de contatos ativa e aquecida.

Inovação Financeira: Impulsionando a Transformação Empresarial

Já estamos em **2041**... (Como inteligência artificial irá mudar as nossas vidas nas próximas décadas) escrito por Kai- Fu lee & Chen Qiufan.

Este é o título do livro que estou estudando atualmente. Na verdade, não apenas lendo, mas dedicando-me a compreender melhor como serão os próximos anos, o que podemos esperar e, mais importante ainda, como nos preparar para esse futuro que já está tão próximo e é uma realidade tão presente em nossas vidas.

Minha geração está vivendo um período de transição e transformação total. Sempre me incentivei a buscar a curiosidade para inovar, independentemente da tecnologia.

Há mais de 20 anos, me deparei com minha primeira implantação de ERP (sistemas integrados de empresas). Desde então, fui provocada a pensar no conceito de 'não trabalho'. Essa provocação me fez refletir sobre como poderia realizar minhas tarefas de maneira diferente, inventando formas de executá-las com maior velocidade e precisão. Isso foi um desafio especialmente considerando a necessidade de digitar manualmente os lançamentos no sistema.

Desde então, sempre estimulo minha equipe a pensar no 'não trabalho'. Posso garantir a eficiência dos trabalhos que surgem à medida que cada membro da equipe se propõe a fazer essas descobertas.

Com toda a tecnologia à nossa disposição, estamos passando por uma significativa transformação digital das empresas. Nesse contexto, a área financeira está sendo impactada de forma expressiva pela nova maneira de gerar relatórios e acompanhar os resultados financeiros, quase em tempo real.

Hoje, o profissional de finanças deve ser mais orientado a dados, sendo agora reconhecido como um profissional Data Driven ou AI Driven. Isso implica em ser curioso e estudioso dos dados, buscando constantemente melhorias para realizar a transformação digital em suas tarefas diárias, garantindo maior precisão nas informações, que agora são geradas quase instantaneamente.

Outro aspecto muito importante para o CFO moderno é que hoje temos o dever da sustentabilidade em nosso escopo de trabalho, pois não basta mostrar os resultados financeiros sem demonstrar se eles estão sendo gerados com a verdadeira preocupação com a sustentabilidade, então listo abaixo as novas funções do atual CFO no quesito da sustentabilidade:

- Ter conhecimento de sustentabilidade.
- Analisar os dados.
- Monetizar os dados de sustentabilidade.
- Traças os indicadores de sustentabilidade como performance.
- Navegar em ferramentas muito além dos ERPs.
- Traçar cenários de riscos de penalidades.
- Criar e gerir os controles internos para evitar o greenwash.

Em resumo eu acredito muito na definição da Deloitte sobre o perfil do CFO moderno:

Novo papel da área de finanças

A área financeira possui um papel fundamental no processo de tomada de decisões estratégicas da organização.

Para isso, uma história deve ser contada...

A habilidade de interpretar os dados e transformá-los em histórias para stakeholders de diversos níveis dentro e fora da organização, será fundamental para que o time de finanças possa suportar a tomada de decisões estratégicas da organização.

Desenvolver um time capaz de ir além dos números, não apenas identificando tendências, mas explicando suas potenciais implicações para toda a organização, pode gerar maior engajamento e comprometimento de toda a força de trabalho na busca pelos objetivos da empresa.

É isso que acontece quando pessoas e tecnologias trabalham em sintonia, alavancados pelo uso de dados, quase em tempo real.

"No one ever made a decision because of a number.

They need a story."

Daniel Kahneman, author of Thinking , Fast and Slow

Por fim, essa é minha crença: que cada vez mais precisaremos de seres humanos nas finanças para tornar possíveis as histórias contadas através dos números e relatórios das empresas. Devemos estar em sintonia e sempre compartilhar nossos conhecimentos para crescermos juntos, com um único propósito: contribuir para a perenidade das empresas, gerando lucros com sustentabilidade para as futuras gerações. Tudo isso com uma gestão mais humanizada, aproveitando a força do coletivo para obter resultados amplos.

JUNTOS SOMOS MAIS FORTES

“

O privilégio de
se aprofundar
nas nuances da
diversidade e da
gestão humanizada.
Um catalisador da
inovação!

”

CAPÍTULO 11

A gestão humanizada e a importância da diversidade

Maria Inês Pastori

O universo das finanças, tradicionalmente visto como um ambiente guiado por números, está passando por uma revolução. À medida que as organizações reconhecem cada vez mais que o verdadeiro valor da área financeira reside nas pessoas por trás dos números, uma nova abordagem está surgindo, moldando um universo financeiro transformador.

Nesta transformação, temos percebido a área de RH como uma grande parceira da área de Finanças para que os números apurados possam ter suas histórias contadas com mais precisão, proporcionando que a tomada de decisão seja estratégica e assertiva para o momento da organização. Este benefício é algo percebido claramente pela alta liderança, mas a aplicação de disciplinas de Recursos Humanos na gestão da área Financeira pode ser um catalisador ainda mais forte para o sucesso organizacional

Dois princípios fundamentais estão emergindo como forças motrizes nesse processo: a gestão humanizada e a valorização da diversidade.

Vamos mergulhar nesses temas interligados e explorar como eles se combinam para criar um universo financeiro transformador e cheio de possibilidades.

A Gestão Humanizada: Um Catalisador de Inovação e Transformação

Seria redundante falar que o estilo de liderança mais moderna prega por práticas de gestão humanizadas, nas quais o respeito e lapidação das fortalezas pessoais dos colaboradores são atributos fundamentais para que um gestor possa exercer a liderança de um time de sucesso. Somado a isso, um clima organizacional agradável e colaborativo dentro de uma empresa favorece que as pessoas trabalhem felizes e satisfeitas se tornando mais produtivas e dispostas a dar o melhor de si para a realização de um trabalho.

Mas como fazer isso em ambientes tipicamente mais "exatos e cartesianos", como o da Área Financeira, no qual a principal fortaleza é o conhecimento técnico e a ausência de subjetividade? Como ser um líder técnico e inspirar o time para a entrega objetiva dos resultados, compreendendo que cada membro da equipe construirá um caminho diferente para chegar na informação e que a história de cada profissional poderá contribuir para a evolução do trabalho?

Temas como estes estão cada vez mais comuns nas rodas de conversa de CFOs modernos, uma vez que todas as empresas estão lidando com o fato de profissionais de diferentes gerações conviverem diariamente nos ambientes de trabalho e a temática Diversidade & Inclusão colocada como pauta estratégica. Nesta roda de conversa, profissionais de Recursos Humanos estão cada vez mais atuantes como parceiros estratégicos para que os times financeiros atuem de forma mais humanizada e possam contribuir, não somente com seu olhar técnico sobre as informações, mas também com uma visão holística sobre as situações financeiras das empresas e como o capital humano pode atuar para reverter cenários indesejáveis.

O foco atual de um gestor de finanças, além da parte técnica, precisa ser o desenvolvimento de softs skills em seu time de colaboradores. A técnica é algo facilmente aprendido e cada vez mais disponível com todas as evoluções tecnológicas que nos rondam. Já as softs skills estão ficando cada vez mais necessárias para que as pessoas consigam realizar seus trabalhos com excelência, estreitando parcerias com as áreas internas e mobilizando as pessoas para o trabalho que precisa ser entregue na excelência esperada. Muito além de trabalho em equipe e resiliência, estamos falando de características como: mobilização de pessoas, liderança democrática, integração, empoderamento e autonomia.

Uma ferramenta que deve ser utilizada como grande aliada do gestor neste processo de formação das equipes, é o Plano de

Desenvolvimento Individual que ele pode e deve ser personalizado para cada membro da equipe com ações de aprimoramento para um período pré-determinado. Este material pode ser fruto das conversas de feedback e feedforward entre líder e liderado. Sempre é recomendado que a conversa seja baseada em fatos e que as ações de desenvolvimento sejam definidas em comum acordo. Isto fortalece o engajamento do colaborador com as ações combinadas.

Estudos recentes comprovam que os times que possuem uma liderança mais inclusiva e desenvolvedora encontram espaços mais férteis para propor ideias e sugerir transformações organizacionais. Conforme o líder e liderado fortalecem sua relação de confiança, mais engajamento o colaborador entrega em seus trabalhos e mais transformacional pode ser sua atuação perante o trabalho realizado.

A Importância da Diversidade e das Pessoas

Somado a este contexto, as organizações têm trabalhado a temática ESG cada vez mais fortemente e sendo reconhecidas publicamente sempre que esta pauta faz parte da estratégia organizacional. Mas, por que isto está tão em alta nas organizações? Como a diversidade contribui para a prosperidade organizacional?

Atuar em políticas institucionais relacionadas ao "social" pode impactar no valor das organizações por meio do fortalecimento da reputação da marca, da maneira pela qual ela se relaciona com a sociedade ou determinadas comunidades, da melhoria do relacionamento com os clientes e da atração e retenção de talentos diversos. Esta atuação, conectada com uma Cultura de fomento à Diversidade, Equidade & Inclusão faz com que as empresas consigam atrair e reter talentos que contribuirão para o crescimento do resultado financeiro.

De acordo com uma pesquisa realizada pelo Instituto Identidades do Brasil, entre 2010 e 2019, houve um aumento da produtividade nas organizações decorrente do crescimento da diversidade de gênero e étnico-racial. O tema vem ganhando força nas organizações e, de acordo com o levantamento realizado pela Pesquisa Benchmarking: Panorama das Estratégias de Diversidade no Brasil 2022 e Tendências para 2023, 81% das empresas entrevistadas destinam recursos para ações de diversidade e inclusão. Em 2020, apenas 67% delas reservavam capital para realizar essas atividades[4].

Quando falamos em ampliar a diversidade nas empresas, tipicamente falamos em diversificar o perfil de pessoas comumente encontradas nas empresas e dependendo da área que estivermos atuando, esta homogeneidade nas equipes é ainda mais latente. Proporcionar equipes diversas, além de gerar a reparação histórica sobre o problema de equidade no nosso país, também faz com que as empresas ampliem seu olhar e sua atuação sobre as possíveis soluções para os problemas existentes. A forma como um homem branco, heterossexual de classe A reage a uma dificuldade é diferente da forma como uma mulher, negra de classe B reage ao mesmo problema. Suas histórias de vida, dilemas já enfrentados ao longo de suas trajetórias profissionais e pessoais farão com que a atitude frente a um problema seja diferente. Imagine, então, a riqueza de ideias que é promovida em uma equipe com estes dois perfis de profissionais e liderada por um gestor que preza pela gestão humanizada? Quais seriam as infinitas possibilidades de co-criação para uma nova forma de resolver um problema existente? Esta é uma das riquezas de se ter um time diverso liderado por um gestor praticante da liderança humanizada.

Uma pesquisa levantada pelo IBGE e divulgada no site Agência Brasil, expõe que o percentual de mulheres empregadas era de 54,5%; já entre os homens esse número aumenta para 73,7%; uma diferença significativa de 19,2% levando em consideração que o número de pessoas nascidas do sexo feminino é superior ao de pessoas nascidas do sexo masculino. E essa disparidade, segundo o Fórum Econômico Mundial, levará cerca de 257 anos para desaparecer. Sendo a desigualdade de gênero uma das principais disparidades no mercado em relação a empregabilidade e consequentemente redução da diversidade nestes espaços[5].

---

[4] **PUCRS.** Diversidade e inclusão nas empresas. Disponível em: https://www.pucrs.br/blog/diversidade-e-inclusao-nas-empresas/.

Seguindo as diferenças de gênero, temos também as desigualdades ainda latentes relacionadas à raça/etnia, onde os dados divulgados pela Nexo Políticas Públicas demonstram que mulheres pretas e pardas possuem a maior taxa de desocupação com 18,2%; e os menores salários se comparados ao de mulheres brancas e homens pretos e brancos. Estes dados também direcionam para outras questões sérias e urgentes como racismo estrutural e corporativo, necessitando de uma ampla e contínua discussão para a conscientização coletiva[5].

As pessoas com deficiência também necessitam com urgência desta abertura no mercado, pois mesmo estando em vigência desde 1991, a Lei nº 8.213 – conhecida como a Lei de Cotas – que obriga empresas acima de 100 pessoas a ter de 2% a 5% de seus cargos preenchidos por PCDs, a média de empregos formais preenchidas por pessoas com deficiência é de apenas 1%. O que contribui para esse baixíssimo percentual é a falta de informação e o capacitismo que estas pessoas, infelizmente, passam com constância[5].

Com base nestes dados, podemos compreender que o desafio de ampliar a diversidade nas empresas é enorme, mas que se houver ações afirmativas e intencionais para a ampliação dos públicos diversos nas folhas de pagamento, o movimento convergirá para a equidade organizacional. Além desta pauta fazer parte da estratégia e Cultura das empresas, os líderes precisam estar comprados pela temática. Sem dúvidas, liderar times homogêneos podem gerar uma falsa impressão de que será mais fácil a gestão do dia a dia. Todavia, os resultados conquistados não terão evoluções constantes, uma vez, que a inovação e criação estarão restritas às ideias e percepções de um time que tipicamente pensa da mesma forma. O ponto de partida para exercer uma liderança inclusive e diversa, é reconhecer que temos vieses inconscientes, que eles atuam diariamente nas nossas tomadas de decisão e que, para podermos quebrar o ciclo de homogeneidade nos times e iniciar uma vertente de diversidade e inclusão, precisamos quebrar estes vieses e atuar intencionalmente todos os dias como um agente de transformação.

---

[5] **POLITIZE.** Diversidade e inclusão no mercado de trabalho. Disponível em: https://www.politize.com.br/diversidade-e-inclusao-no-mercado-de-trabalho/.

Como a área de RH contribui para contar a história da área de Finanças (além dos números)

A área de RH, além de apoiar os líderes da organização em relação às práticas de gestão de pessoas, possui um papel fundamental de parceria com a área de finanças para contribuir com a "história a se contar", por trás dos números. Quantas vezes, ao analisarmos um dado friamente podemos ter uma interpretação, mas ao entendermos a história que originou aquela informação, nossa conclusão pode ser diferente?

Para ajudar a trazer mais acurácia nas informações reportadas é que o trabalho da área de Finanças, em parceria com a área de RH é fundamental. Quando analisamos a produtividade de uma empresa, por exemplo, podemos ter uma visão imaginando que todos os trabalhadores estiveram presentes durante todos os dias úteis e podemos ter outra interpretação se ponderarmos, por exemplo, a taxa de absenteísmo de um determinado setor produtivo durante o mês em questão. Analisando individualmente o fator de produtividade, poderíamos, inclusive, concluir que determinada equipe não está produtiva o suficiente, mas ponderando a taxa de absenteísmo, como colocado no exemplo atual, podemos identificar que a equipe está altamente produtiva e que se institucionalmente for realizado um trabalho para reduzir o absenteísmo no time, teremos um time ainda mais produtivo.

Neste contexto, é uma prática cada vez mais comum, que a área de finanças e a área de RH, estabeleçam fóruns recorrentes para analisar os dados, além dos números apurados. Estudos envolvendo dados sobre a origem dos profissionais, tempo de casa, condição familiar, etc, somados aos dados financeiros têm possibilitado às organizações ainda mais assertividade sobre decisões estratégicas envolvendo abertura ou fechamento de unidades, aumento ou redução de força de trabalho, dentre outros.

Em algumas organizações, a área de Departamento Pessoal responde hierarquicamente para a área financeira, mas este reporte não garante a atuação estratégica entre as áreas. Muitas vezes, esta hierarquização tem um viés de "controle de despesa de pessoal" e não um olhar estratégico sobre dados/indicadores de pessoal conectados com a gestão financeira do negócio. Para isso, competências como people analytcs combinadas com análise financeira precisam estar na pauta ativa dos CFOs e CHRO das organizações.

Seria negligente de minha parte não destacar a importância de utilizarmos ferramentas de analytics, principalmente as baseadas em inteligência artificial, com parcimônia na tomada de decisão estratégica, pois elas podem apresentar traços de preconceito e estereótipos não inclusivos, por terem sido desenvolvidas em ambientes de aprendizado nesta temática. Novamente, a análise pura dos dados não se faz suficiente para uma tomada de decisão estratégica e é fundamental ponderar fatores humanizados e relacionais em uma análise mais profunda sobre um determinado tema nas organizações. Este assunto está sendo amplamente discutido em fóruns de Recursos Humanos que reforçam as vantagens na utilização de Inteligência Artificial nas tomadas de decisão sobre as pessoas, todavia, devemos fazer o uso com parcimônia. Seja em processos seletivos, análises de propensão à saída e/ou permanência na organização, expectativa de produtividade, dentre outros estudos atualmente gerados utilizando IA, o dado puro pode apresentar os vieses inconscientes de seus programadores e contextos preconceituosos não previstos inicialmente. Devemos sempre ter influência de análises humanizadas e que pondere os contextos apresentados pelos profissionais mapeados.

Mas quando juntamos os dados financeiros com dados de recursos humanos já é uma combinação suficiente para utilizarmos puramente ferramentas de analytics para suportar as decisões estratégicas? Certamente não! Em uma sociedade que tem preconizado cada vez mais que os contextos individuais e coletivos sejam compreendidos, vieses inconscientes mapeados e neutralizados, em prol de empresas mais diversas e rentáveis, imaginar que a análise pura dos dados, sejam eles financeiros ou de pessoal, são suficientes para nortear decisões estratégicas é um contrassenso. A evolução da tecnologia deve ser utilizada para impulsionar as organizações para um novo contexto, todavia, a análise humanizada sobre temas estratégicos sempre será fundamental. Uma organização é feita de pessoas e o seu produto final (sejam produtos ou serviços) será consumido por outras pessoas. Precisamos compreender a essência dos nossos times e de nossos clientes para mantermos as organizações em uma agenda propositiva para a satisfação profissional, inovação e satisfação do nosso cliente final.

Gostaria de, por meio dos insights colocados acima, despertar nos leitores a importância da atuação mais holística por parte dos profissionais da área de finanças. Ao longo dos trabalhos realizados pela área, é fundamental a neutralização dos vieses inconscientes dos interlocutores e que a busca pela inovação vá além da aplicação pura e simples de ferramentas de inteligência artificial, mas que ela venha também por meio de parcerias estratégicas com outras áreas da empresa e pela co-criação de estudos por parte das pessoas no time. Sempre que o CFO for levar uma análise ou tomar uma decisão, é fundamental contar a história dos números além dos dados propriamente ditos.

"

Quem caminha sozinho pode até chegar mais rápido, mas aquele que vai acompanhado com certeza vai mais longe.

Clarice Lispector

"

CAPÍTULO 12

Finanças e controles: uma história de cooperação, apoio e coragem

Alessandra Hazl

Começaram como duas meninas: a que queria redigir combinados, esmiuçar as regras e conectar histórias e a que desde o início sabia como ninguém resumir o argumento e encontrar o ponto central de qualquer questão, trazendo o raciocínio crítico e o seu talento pelos números que ia além das infinitas páginas, códigos, leis e conceitos que seriam lidos durante aqueles cinco anos de graduação.

Uma recém-chegada no país natal, do qual ficou longe por algum tempo e onde tentava se encaixar e reconectar com suas raízes. A outra que queria içar vôos cada vez mais longos e distantes, em busca de novas experiências, vistas e visões. Ambas, porém, com uma paixão pela argumentação e pela noção de justiça. Diferentes, mas complementares. Essa é a história da Patrícia e minha – e pode ser também a das áreas de Finanças e Controles.

Assim como a Patrícia, me orgulho de trazer uma visão interseccional e integrada para a área de controles. Iniciei com a formação jurídica e atuação no universo do Direito Empresarial Consultivo e Contratual, demorando alguns anos para fazer uma mudança de carreira e expandir minhas funções para além do foco no universo das leis e regulamentações, contratos e negociações. E quando o fiz, optei por continuar na seara das áreas formais de controles e gerenciamento de riscos. Me tornei CRO, Chief Risk Oficer, função que visa focar na identificação e mitigação dos riscos de uma companhia e que, no mercado financeiro e de capitais, vem concentradas atividades da chamada "Segunda Linha de Defesa".

As áreas de Finanças e Controles são repetidamente vistas como antagônicas, com interesses completamente desalinhados e protagonistas de longos embates nas empresas, mas acredito que concordar com essa visão e desprezar o ganho da potente colaboração entre essas funções e a importância e diferencial do trabalho conjunto de cada uma dessas áreas é um erro. Finanças contribui com a visão estratégica, a definição de KPIs, o caminho a ser percorrido – acho que o trabalho pode ser visto como o trajeto que inserimos num sistema de geolocalização. Já a área de Riscos e Controles, com seu foco em resiliência e apetite de riscos, pode ser vista como a rota efetivamente escolhida para o trajeto. São fundamentais e complementares – as métricas das áreas de controles (KRIs) se somam à objetividade dos números e processos desenhados pelas áreas de finanças. Nesse sentido, entendo que o modelo de Três Linhas de Defesa amplamente adotado no mercado financeiro e de capitais ilustra bem a importância da segregação e colaboração entre as funções.

As Três Linhas de Defesa

Parece haver consenso de que o modelo das três linhas de defesa surgiu na Europa, como forma de aprimorar a compreensão da gestão de riscos corporativos através da clara definição de funções e obrigações de cada área de uma companhia.

Em 2011, o Comitê de Basiléia que tem como objetivo regulamentar os princípios internacionais para a operação dos mercados financeiros e de capitais (*BCBS – Basel Committee on Banking Supervision*) publicou seus *Principles for the Sound Management of Operational Risk*, posteriormente revisados em 2014 e 2020 e que tiveram como base o arcabouço desenhado pela COSO, uma organização independente que nasceu em 1985 com uma iniciativa apoiada por cinco grandes entidades de classe norte americanas compostas por auditores, contadores e executivos de finanças (ou seja, já nascendo da visão conjunta dos segmentos de finanças e controles).

Esse arcabouço, chamado de Internal Control Integrated Framework, é utilizado até hoje e vem sendo aprimorado conforme evolução regulatória, ex. Lei Sarnbannes Oxley, e do ambiente de gestão de riscos.

A premissa central do modelo é que através da supervisão dos conselhos de administração e demais órgãos executivos de uma empresa, são necessárias três linhas de defesa para o efetivo mapeamento e gestão de riscos e controles e que, se bem estruturadas as áreas e definidas as funções e responsabilidades de cada uma, maior a probabilidade de uma gestão eficaz e bem sucedida.

A Primeira Linha de Defesa: a gestão operacional, efetiva execução de atividades diretas do negócio, que ficam a cargo das áreas com contato direto com o cliente (front office) e pelas áreas de apoio direto ao negócio (middle office), que detém e gerem primariamente os riscos e controles do negócio. Esse grupo é dono dos referidos riscos e executa os controles desenhados pela empresa para endereçar os citados riscos e aumentar as chances de eficiência e correta consecução dos objetivos da companhia.

Já a **Segunda Linha de Defesa** concentra as funções de monitoramento e supervisão. Ela dá apoio à alta administração e traz aconselhamento técnico e expertise que, juntamente com as tarefas executadas pela primeira linha garantem que os riscos e controles estão identificados e geridos pela empresa. Essencialmente, cabe à segunda linha monitorar e testar processos desenhados pelas áreas da Primeira Linha, mas também acaba sendo responsável por vários aspectos do processo de gestão de risco(que por si só demandam mapeamento e controles). A Segunda Linha de Defesa, conforme o modelo descrito acima, é composta precipuamente das funções de identificação, mitigação e gestão de riscos e está costumeiramente dividida entre os seguintes temas principais (i) risco operacional, (ii) gestão de continuidade de negócios, (iii) risco de crédito e de mercado, (iv) segurança da informação (neste caso, com atividades compartilhadas com a primeira linha – TI), (v) compliance e (vi) controles internos. Dependendo da indústria, do tamanho da companhia e da complexidade de suas atividades/produtos, a composição da Segunda Linha pode variar.

Exploraremos mais abaixo um pouco mais das interseccionalidades e as vantagens de um forte alinhamento entre Finanças e Controles.

Por fim, **a Terceira Linha de Defesa** é formada pela auditoria interna, que provém à alta administração da companhia o conforto de que os processos e esforços da primeira e da segunda linha estão condizentes com as expectativas da alta administração e demais stakeholders. O papel principal da auditoria interna é assegurar, através de processo estruturado de coleta de informações e avaliação fundamentada dos referidos dados, a eficiência da gestão de riscos, efetividade de controles e da governança corporativa. É de suma importância garantir a autonomia e independência da auditoria interna na consecução de suas atividades.

Vale salientar que, independente da divisão ora descrita e das vantagens na adoção desse modelo, o objetivo das três linhas deve ser o mesmo: auxiliar a companhia no atingimento de seus objetivos e execução de seu propósito através da gestão de risco eficiente. Cabe aos gestores da organização e à alta administração consolidar essa mensagem e participar na definição das funções e forma de colaboração. Todas as organizações, independentemente de seu porte, número de colaboradores e setor de atuação, deveriam almejar a criação de uma estrutura de governança que se utiliza do conceito das três linhas de defesa, que cada uma dessas áreas possa ter suas funções e responsabilidades segregadas e satisfatoriamente descritas e de conhecimento de todos na organização. Também cabe lembrar que a adoção do modelo das três linhas de defesa não exclui a participação de outros prestadores de serviços como auditores externos e consultores na avaliação de projetos e de negócios e/ou temas específicos da organização.

O alinhamento entre Finanças e Controles

Como indicado no início deste artigo, não é sempre fácil contemplar o alinhamento entre as áreas de riscos e finanças. Entretanto, vale enfatizar a importância de uma parceria sólida entre essas funções, já que a colaboração entre elas é essencial para a consecução dos objetivos estratégicos e a gestão eficaz dos desafios e riscos da companhia. Vale também frisar os pontos comuns entre as referidas áreas e aqui trago como exemplo os valores de transparência e integridade, inegavelmente fundamentais para as duas funções. É necessário que as áreas de finanças e de controles sejam integralmente comprometidas em demonstrar os fatos e em trabalhar sempre com dados de qualidade e clareza, propiciando a tomada de decisões com base na real situação – daí a importância da transparência. E, da mesma forma, é essencial a integridade e atuação ética das funções, o que tem impacto direto nos resultados (finanças) e na reputação da empresa com suas partes interessadas –empregados, fornecedores e parceiros, clientes, sociedade, governo, etc - (controles).

Finanças como a área que apoia a estruturação da estratégia e a formalização das metas e projetos da companhia, sempre tendo em vista sua perpetuidade sustentável, complementada pela atuação da segunda linha, que entra para oferecer um valioso desafio sobre se a referida estratégia e metas estão dentro do apetite de riscos da organização, auxiliando a mapear os principais desafios e como mitigar os riscos deles advindos.

Para além da discussão de valores e trazendo outro paralelo entre a história de Finanças e Controles e a da minha história e da Patrícia, cabe ressaltar o valor que sempre demos – e que profissionais dessas duas áreas não devem nunca desprezar – ao estudo, ao aprimoramento técnico e ao aprendizado contínuo.

Após aqueles cinco anos da faculdade nos quais nos conhecemos, seguiram-se muitos outros anos de estudos e investimento em conhecimento – MBA, LLM, pós-graduação, técnicas de negociação, gestão e liderança – estudos esses que continuam até hoje. Bons profissionais de Finanças e de Riscos devem buscar desenvolvimento contínuo, não só pela evidente transformação do mundo e necessidade de acompanhar tendências, leis, práticas que alteram o dia a dia das atividades, mas para manter acesa a chama do questionamento e da intenção de inovar, evoluir.

A área de Controles desempenha um papel fundamental na gestão de conflitos de interesse e na garantia de uma boa governança. Em Finanças, atividades diversas como Contabilidade, Tesouraria, Controladoria/Planejamento, Contas a Pagar e Tax estão envolvidas em inúmeros processos, relatórios, métricas e dados. Isso frequentemente gera conflitos de interesse, tanto com outras áreas quanto entre essas atividades internas.

Um exemplo é a discussão conceitual sobre a definição de um novo produto em uma instituição onde trabalhei, envolvendo Tesouraria, Controladoria e Contabilidade. A resolução foi alcançada por meio de um processo de avaliação de riscos e impactos, conduzido pela área de Riscos. Essa medida de boas práticas de gestão de risco considerou a estimativa de novas receitas e os custos adicionais com sistemas e pessoas, bem como todos os possíveis impactos na implementação do novo produto ou processo.

Perguntas como "Ele traz necessidade de monitoramento adicional na área de Compliance?", "Demandará alterações nas políticas?", "Está dentro do apetite de riscos da organização?" foram cruciais para a avaliação. Com essa abordagem, conseguimos estruturar e classificar o produto de forma adequada, integrá-lo no planejamento da instituição e garantir sua correta contabilização.

As áreas de Riscos e Controles também desempenham um papel crucial na gestão dos negócios, acompanhando e atualizando as leis e regulamentações que afetam a organização. Sua função é traduzir essas normas de forma clara e objetiva, facilitando a implementação e garantindo a conformidade da empresa. Para isso, é ideal que as áreas Jurídica e de Compliance utilizem ferramentas e sistemas que monitorem a publicação de leis, filtrando o que se aplica à organização. Os novos normativos devem ser encaminhados para as áreas impactadas para discutir como, quando e quem implementará as novas regras. É igualmente importante que esse trabalho seja comunicado à alta administração, preferencialmente em comitês ou reuniões internas com a presença de representantes da primeira, segunda e terceira linhas (v. definição acima).

Outrossim, a área de controles, como guardiã das normas de conduta e ética de uma organização, em especial por meio da função de conformidade (Compliance) traz a segurança e apoio para a definição de funções e para o bom andamento dos numerosos processos - simples e complexos – a serem desenvolvidos pelos profissionais de Finanças – afinal, dão o norte do como e do porquê agir dentro da organização.

Vale mencionar o papel das áreas de segunda linha que acompanham de perto as atividades e serviços principais da companhia, especificamente no que denominei como "riscos financeiros". Em instituições financeiras, setor onde atuo, essa função é ainda mais destacada, pois assegura que os negócios sejam conduzidos com proteção e observância à liquidez e capital da organização.

Essas áreas incluem risco de mercado, risco de crédito e risco de liquidez, que atuam concomitantemente e em parceria com diversas áreas. Trabalham com as Áreas Comerciais na aprovação e renegociação de créditos/contas a receber, com a Tesouraria no monitoramento do risco de mercado e risco de liquidez (essenciais para evitar grandes choques à organização), e com a Contabilidade, destacando a colaboração em provisões e contingências da companhia.

Provisões são um aspecto crítico e primordial na atuação da área de Finanças e são um ponto chave na análise de demonstrações financeiras. Uma prática robusta de determinação de provisões envolve a expertise profissional do colaborador de Finanças, combinada com a análise detalhada e objetiva do colaborador de Riscos. Este último é responsável por classificar a probabilidade de perda em ações judiciais e determinar o percentual de recuperabilidade de garantias, assegurando uma gestão financeira precisa e prudente.

Por fim, destaco a área de Controles Internos como validadora de processos de identificação e mitigação de riscos, trazendo visão integrada e uma estrutura de monitoramento e testes para corroborar se são efetivas as medidas de identificação, controle e mitigação dos citados riscos. Controles Internos, a meu ver, é quase que uma função de monitoramento pré terceira linha de defesa. Estão um pouco além do risco operacional, mas um pouco antes de um processo de auditoria. E por falar em auditoria, cabe ressaltar o papel das áreas de controle no contato com reguladores e entidades de supervisão. Para o melhor andamento dos trabalhos de auditorias e inspeções, que majoritariamente demandam dados e entrevistas com profissionais da área de Finanças, vejo como necessário que a segunda linha, em especial na função de Compliance, acompanhe e concentre todas as comunicações entre a organização e seus colaboradores e os referidos auditores/reguladores.

Enquanto nesse ponto, vale destacar o alinhamento dos trabalhos das áreas de Riscos e Controles na comunicação com "*stakeholders*", i.e. partes interessadas da organização – que incluem acionistas, empregados, fornecedores, credores, reguladores e a sociedade. Em empresas de menor porte, já vi atividades de Relações com Investidores ("RI") serem lideradas por equipes formadas por profissionais de Finanças e de Controles que, juntos, preparam relatórios, comunicados e demais informativos que prestam os esclarecimentos necessários em relação às atividades da organização. Entendo que nessa configuração, cabe à área de Controles a determinação das regras a serem observadas e o respaldo técnico na forma de comunicação com os referidos *stakeholders*.

Ainda me utilizando dos exemplos do universo que me é mais familiar – o mercado financeiro e de capitais, concluo essa seção sobre a colaboração entre Finanças e Controles com duas Resoluções do Conselho Monetário Nacional que bem endereçam essa sinergia: (i) a Resolução 4.557, de 23 de fevereiro de 2017, e (ii) a

A Resolução 4.910, de 27 de maio de 2021, dispõe sobre as estruturas de gerenciamento de riscos e de capital das instituições financeiras brasileiras. Este normativo emparelha Finanças e Controles nas atribuições descritas, destacando a importância do alinhamento entre essas funções na política de divulgação de informações.

A Resolução 4.557 define a declaração de apetite por riscos e a estrutura de gerenciamento de riscos, que inclui risco operacional, de liquidez, de crédito, de mercado e, mais recentemente, riscos social, ambiental e climáticos. Este normativo exige que as atividades de gerenciamento de risco sejam desenvolvidas por uma unidade específica, segregada das unidades de negócios e da auditoria interna, para evitar conflitos de interesse. A resolução também separa a estrutura de gerenciamento de capital das demais funções. O gerenciamento de capital inclui (i) o monitoramento de capital da companhia, (ii) a avaliação da necessidade de capital para enfrentar os riscos a que a organização está exposta e (iii) o planejamento de metas e necessidades de capital conforme as estratégias da organização, assegurando que essas atividades não criem conflitos de interesse com outras funções.

A Resolução 4.910 também aborda a prestação de serviços de auditoria independente para as instituições financeiras. Em seu Capítulo V, ela trata do Comitê de Auditoria, cujas atribuições denotam a necessária colaboração entre Finanças e Controles. Conforme o Artigo 11, as atribuições do Comitê de Auditoria incluem: (i) revisar demonstrações financeiras, incluindo notas explicativas e relatórios da administração e de auditores independentes; (ii) avaliar a efetividade das funções de auditoria (interna e externa) e o cumprimento de dispositivos legais e regulamentares, assim como normas internas da organização; (iii) recomendar a correção ou aprimoramento de políticas, processos e procedimentos.

É evidente que o Comitê de Auditoria não pode cumprir com sucesso essas atribuições sem a colaboração e alinhamento entre Finanças e Controles, demonstrando a importância de uma comunicação clara e coordenada entre essas áreas para garantir a conformidade e a efetividade na gestão de riscos e auditorias.

Finanças e Controles na Era da Inovação

Tradicionalmente, acreditamos que a inovação provém das áreas comerciais, de marketing e comunicação, responsáveis por "vender" novas ideias e projetos. No entanto, dentro da primeira linha de atuação, temos também as áreas de finanças e controladoria, focadas na gestão do patrimônio e recursos da companhia. Estas áreas incluem funções como contas a pagar, contabilidade, tesouraria, tributos, controle de custos, entre outras. As áreas financeiras estão conectadas com todas as demais áreas da empresa, gerenciando custos, investimentos e pagamentos. Dessa forma, elas estão intimamente ligadas ao crescimento e à inovação da organização.

Neste momento de mudanças bruscas, disruptivas e constantes, o foco em inovação se traduz principalmente em iniciativas de automatização, medidas de eficiência e uso de inteligência artificial – inclusive a generativa – e na correta implementação de critérios ESG (sigla em inglês para Environmental, Social, and Governance, que compila as práticas ambientais, sociais e de governança da empresa). É fácil constatar a necessidade da participação das áreas de segunda linha para o sucesso dessa trajetória de inovação e ESG. Mais uma vez, ganha tração a demanda por cooperação entre Finanças – a área que consolida e demonstra as práticas organizacionais da companhia – e Controles. Abaixo, destaco alguns exemplos de temas a serem abordados na trilha de inovação das organizações:

1. No campo da Segurança da Informação, incluindo a cibersegurança, a responsabilidade pela definição de políticas, processos e medidas de proteção de ativos digitais recai tanto sobre as áreas técnicas de Tecnologia da Informação quanto sobre a área de Riscos. Juntas, essas áreas, em colaboração com Finanças, desenham novas estruturas e sistemas para a implementação dessas medidas, contemplando também as despesas envolvidas.

2. Quando se trata de dados, o papel dos DPOs (i.e. profissional de proteção de dados) e dos componentes institucionais de proteção de dados é fundamental. No entanto, a segunda linha de defesa também desempenha um papel fundamental para o mapeamento e a correta identificação de riscos nas atividades de coleta, uso, armazenamento e destruição de dados.

3. Quanto ao uso de inteligência artificial e à automatização de processos, caberá às áreas de Riscos um exame minucioso quanto à implementação desses processos, em especial quanto aos riscos de privacidade e ao vazamento de dados, à gestão de continuidade de negócios, além de riscos éticos e reputacionais.

Já em relação à implementação de estruturas ESG, teço as seguintes considerações quanto à participação conjunta de Controles e Finanças nas iniciativas organizacionais, garantindo que os aspectos financeiros e de risco estejam alinhados aos objetivos de sustentabilidade e responsabilidade corporativa:

1. A função de Riscos podem identificar e quantificar riscos ESG que uma companhia enfrenta/enfrentará, como mudanças regulatórias relevantes, questões climáticas e os desafios de governança - e às equipes de Finanças, caberá a avaliação do impacto financeiros desses riscos;

2. A colaboração entre Riscos e Finanças ajuda a integrar métricas ESG nas estratégias de investimentos, empréstimos e captação de recursos da organização, incluindo a possibilidade de desenvolvimento de produtos sustentáveis (títulos verdes/sociais) e que promovam objetivos ESG. Vale como exemplo dessa colaboração o Índice Idiversa de DE&I desenvolvido pela B3 por uma equipe multidisciplinar e que visa medir o desempenho financeiro das ações de empresas que se destacam na temática de diversidade de gênero e raça (sendo certo que é o primeiro índice de diversidade na América Latina para companhias listas).

3. As equipes de Finanças podem trabalhar com as áreas de Controles para desenvolver métricas e indicadores financeiros que reflitam o desempenho da organização em ESG, ajudando a atrair investimentos e implementando medidas para mitigação de riscos identificados durante a respectiva avaliação;

4. A colaboração entre as funções permite a divulgação transparente de práticas de ESG da organização, o que é fundamental para a criação de confiança entre a companhia e seus stakeholders, sendo certo que a área de Controles trabalhará para garantir que as informações são precisas e confiáveis.

Conclusão

Tinha como propósito dessa breve exposição, desconstruir a antiga noção de embate entre as áreas de Finanças e Controles, demonstrando a atual visão da simbiose entre essas funções. Na realidade, uma relação de respeito e colaboração entre essas áreas beneficia a organização e isso pode levar a uma melhor gestão de riscos financeiros e corporativos, estratégias mais sólidas e uma abordagem holística para atingir metas financeiras e de continuidade e sustentabilidade da companhia.

Assim como Patrícia e eu, por vezes é necessário discordar, entender as divergências e, após análise cuidadosa, encontrar o melhor percurso, que invariavelmente será o da convergência, na qual cada função traz sua força e mitiga sua debilidade, tornando o grupo, o todo, mais forte e pronto para o futuro. Citando Clarice Lispector "*quem caminha sozinho pode até chegar mais rápido, mas aquele que vai acompanhado com certeza vai mais longe*".

“

A importância da inovação na cultura da empresa no mundo em constante transformação!

”

CAPÍTULO 13

Transformação e visão do CEO

Arno Schwarz

À medida que o mundo bancário enfrenta uma onda de transformação digital e mudanças disruptivas, surge uma nova era de desafios e oportunidades. Aqui, compartilharei a minha perspectiva como CEO de um banco em plena transformação, explorando como liderar essa jornada de mudança e como essa visão está moldando o futuro da instituição.

O papel do CEO sempre foi o de construir e nutrir a cultura corporativa. Partindo do propósito e dos valores, o CEO deve executar a estratégia estabelecida pelo Conselho de Administração de uma maneira coerente que traga sustentabilidade ao negócio e valor à sociedade.

Ele deve engajar as pessoas e moldar a atuação da instituição conforme sua visão. Em um momento de radical transformação, cabe ao CEO preparar sua instituição para alcançar o sucesso nos mais variados cenários. A cultura e o jeito da instituição devem orientar a tomada de decisão diante do desconhecido e o CEO deve facilitar este processo.

Quanto ao papel do CFO, ele é redefinido na medida que mudam os desafios e o momento da instituição. A posição traz uma lente financeira para os dilemas que surgem na execução da estratégia, que podem mudar de natureza muito rapidamente conforme o cenário. Às vezes, o comitê executivo depende da CFO para trazer melhores controles, outras vezes tem um papel crucial no planejamento. Às vezes, identifica oportunidades e em outras ainda viabiliza grandes movimentos estratégicos, como fusões, aquisições e desinvestimentos.

Tecnologia, inovação e digitalização apenas aumentam a necessidade de repertório, agilidade e flexibilidade dos profissionais.

Um ponto que quero destacar é que a principal ferramenta de um CEO é a comunicação. Ela deve formular uma visão que engaje e motive, e precisa que as pessoas trabalhem em sua direção. Este é o grande desafio. Habilitar as pessoas a se desapegarem de ideias e formas de trabalho que estão acostumadas a utilizar e convencê-las a convergir para a visão arriscando algo novo. Mudar cultura é um processo lento e difícil, mas essencial. Afinal, nós somos o que fazemos.

Parcerias Estratégicas

Algumas das mais importantes decisões estratégicas tomadas por líderes empresariais se encaixam na categoria 'o que não devemos fazer'.

No Fibra, acreditamos que nosso foco deve estar em solucionar as demandas de nossos clientes. Para este fim, devemos utilizar de todos os métodos e possibilidades disponíveis, inclusive firmar parcerias com outros negócios que façam determinada coisa melhor do que nós. Queremos entregar a melhor solução, e ter desapego sobre quais componentes do serviço são feitos interna ou externamente, mostra a dedicação absoluta que precisamos ter aos nossos clientes. Somos, e seremos cada vez mais, um banco poroso, aberto e leve, pronto para se associar com parceiros capazes de nos complementar.

Assim, teremos resiliência e relevância diante das transformações já em curso no mercado e na sociedade.

Cultura de Inovação

Saber inovar sempre foi um marco das gestões de negócios bem-sucedidas. Uma cultura que incorpora as melhores práticas deve ajudar o negócio a se adaptar às demandas do mercado. Nos tempos atuais, essa necessidade se impõe às empresas de todos os tamanhos e setores.

No Fibra, estabelecemos uma receita para inovar, resumida nas **letras C, D e E**.

O **'C'** representa ter o olhar do cliente. Significa investir em diversidade e escuta para sempre entender quais são as demandas do mercado e como nos colocamos para atender melhor as pessoas que utilizam nossos serviços.

O **'D'** é de Dados, e nos lembra da importância de aplicar métodos quantitativos para medir aspectos chave do negócio, identificar oportunidades e fazer diferente (inovar) quando necessário.

O **'E'** representa excelência operacional - desempenhar nossa atividade da melhor maneira possível, visando escalabilidade e eficiência. Acreditamos que se criarmos uma cultura de atenção no cliente, apoiada por dados e sempre perfeccionista, teremos colocado as condições necessárias para inovarmos como característica marcante da nossa cultura.

Um dos custosos equívocos cometidos por líderes estratégicos na atualidade é o tratamento da inovação como algo "novo" ou separado das melhores práticas das empresas geridas com excelência desde sempre.

No Fibra, acreditamos que uma gestão voltada para a resiliência e longo prazo, uma cultura que valoriza a diversidade de ideias, a informalidade, a proximidade e a dedicação total aos clientes dará conta da inovação naturalmente.

Os bancos médios no Brasil, hoje, abrangem mais soluções e alcançam mais clientes do que em qualquer outro momento recente da história do sistema financeiro nacional. A tecnologia permitiu um acesso mais fácil a funding barato e abundante, além de infraestrutura que pode ser contratada na nuvem "on-demand". O Fibra foi pioneiro na adoção de computação em nuvem, iniciando sua migração em 2016. Essa transformação facilitou o desenvolvimento mais rápido e econômico de canais e aplicações, bem como o fundamental acesso à armazenagem de dados, analytics e ferramentas de "business intelligence".

Entretanto, a tecnologia, por si só, não resolve tudo. Modismos e euforias em torno de metodologias de gestão para inovação também não garantem sucesso. Todas as companhias precisam inovar para sobreviver, mas é essencial questionar que tipo de inovação e para qual propósito. As trágicas histórias da Kodak, que descobriu a fotografia digital, e da Xerox, que desenvolveu a GUI (interface gráfica de usuário), sem conseguir capitalizar nessas invenções, servem como alertas de que não existe uma receita infalível para inovar com sucesso. Afinidade com a visão da empresa, foco na execução e proximidade das áreas de apoio com o negócio são fundamentais para que uma cultura bem calibrada consiga entregar o verdadeiro potencial de uma empresa.

Foco nos clientes, decisões "data-driven", excelência operacional e escalabilidade. Com estas prioridades, esperamos poder inovar sempre que necessário, crescendo nosso negócio, melhorando nossa rentabilidade e servindo com qualidade e de forma evolutiva nossos clientes.

Conclusão

Em um mundo onde a transformação é constante, o Fibra abraça a jornada com uma visão clara e estratégias fundamentadas. A inovação não é um ponto isolado, mas um fluxo contínuo integrado à cultura da empresa.

Ao manter o foco nos clientes, adotar decisões baseadas em dados e buscar a excelência operacional, o Fibra se posiciona para inovar, crescer e servir seus clientes de maneira evolutiva. Neste capítulo, compartilhei a visão do CEO e a narrativa de uma instituição que se reinventa, navegando com resiliência e relevância em um cenário em constante transformação.

Parte 4

O Papel do CFO Moderno

“

Práticas ESG são incorporadas no comportamento e nas decisões de um CFO Moderno.

”

CAPÍTULO 14

O papel do CFO na implantação de medidas ESG

Melhorias nas áreas ambiental, social e de governança tornaram-se essenciais, com a participação crucial do CFO na implementação de medidas ESG (Environmental, Social and Governance) que surgiu no mercado financeiro como uma forma de medir o impacto que as ações de sustentabilidade geram nos resultados das empresas.

Na sigla ESG, o "S" representa a questão social, referindo-se ao impacto que a organização tem sobre as pessoas, à cultura, à aplicabilidade da diversidade, inclusão e igualdade de género.

O "G" da sigla representa a forma como a organização é direcionada a fatores de governança corporativa, como comitês de riscos e remuneração de executivos, planejamento de sucessão, práticas de gestão de conselho e nível de controles.

Por fim, o "E" da sigla refere-se a como a organização atua como administradora do meio ambiente, abordando questões como mudanças climáticas, emissões de gases de efeito estufa, desmatamento, emissão de carbono, gestão de resíduos e poluição.

Os pilares essenciais de um financeiro, explorados nos capítulos anteriores, permeiam este tema, destacando o CFO moderno como um agente crucial na implementação dessas medidas.

Recentemente, uma matéria no jornal Valor Econômico destacou que a igualdade de gênero pode demorar até 134 anos para ser alcançada, segundo o Fórum Econômico Mundial (o equivalente a 5 gerações) . Cargos de alto nível continuam sendo inacessíveis para mulheres, refletindo desafios persistentes na sociedade. Como executivo financeiro, há uma oportunidade significativa de acelerar esse impacto social. Empoderar e desenvolver mulheres para cargos de liderança em um ambiente ainda predominantemente masculino promove a equidade, enriquece a diversidade de perspectivas e impulsiona a inovação dentro da organização.

Como explorado ao longo deste livro, as atribuições do CFO tem passado por expressivas transformações, tornando-se cada vez mais estratégico. Isso possibilita uma forte influência na implementação de governança robusta e controles que promovam a sustentabilidade. Além disso, prioriza a contratação de fornecedores que adotam práticas ambientais sustentáveis e a aplicação de medidas para redução do impacto ambiental.

O CFO moderno implementa essas práticas e as incorpora em seu comportamento e decisões diárias, refletindo um compromisso com os princípios ESG (Environmental, Social and Governance).

“

O CFO Moderno é um profissional moldado e influenciado por uma rede complexa de interações e experiências!

”

CAPÍTULO 15

Perspectiva e conclusões do papel do CFO na modernidade

Nos capítulos anteriores iniciamos a exploração dos principais desafios da cadeira do CFO em quatro pilares: estratégia, controle, pessoas, inovação e aprofundados nas vozes de executivos de sucesso do mercado.

Reconhecemos em todos os capítulos a notável evolução do papel do CFO ao longo do tempo. Tradicionalmente, éramos encarregados principalmente de responsabilidades financeiras e contábeis. No entanto, a dinâmica do ambiente de negócios nos forçou a redefinir nossas funções e expectativas.

No início, o papel do CFO era predominantemente voltado para a contabilidade e relatórios financeiros, com foco na precisão e conformidade, estabelecendo a base para a credibilidade financeira da empresa. À medida que as organizações se tornaram mais complexas e com a velocidade das mudanças, as responsabilidades do CFO se expandiram para incluir o planejamento financeiro, controle de custos e visão estratégica. Essa expansão refletiu a crescente necessidade de gerenciar os registros financeiros, bem como orientar a alocação estratégica de recursos.

A transformação do CFO para um estrategista financeiro foi uma resposta natural às demandas do mercado em rápida evolução. A tomada de decisões estratégicas, a análise de riscos e a orientação para o crescimento tornaram-se elementos intrínsecos ao papel do CFO. A era digital trouxe consigo a necessidade de adotar tecnologias avançadas, liderar a implementação de sistemas integrados, automação de processos e análises preditivas, capacitando a empresa a tomar decisões mais informadas e ágeis.

À medida que o ambiente de negócios se tornava mais interconectado, o CFO assumiu um papel central na colaboração com outros executivos, especialmente o CEO. Essa parceria estratégica alinhou as metas financeiras com os objetivos gerais da empresa e também contribuiu para a sustentabilidade e o crescimento a longo prazo.

A mudança para uma abordagem mais estratégica foi uma resposta direta às demandas do mercado. A complexidade crescente, a concorrência acirrada e as expectativas dos acionistas exigiram que o CFO não apenas gerenciasse números, mas também desempenhasse um papel central na formulação e execução da estratégia corporativa.

Essa transição fortaleceu a posição do CFO como um líder estratégico e destacou a importância de uma mentalidade orientada para o futuro, adaptabilidade e compreensão abrangente dos fatores que impactam a saúde financeira da empresa.

A colaboração efetiva com outros líderes empresariais se tornou fundamental para garantir o alinhamento dos objetivos financeiros com as metas corporativas mais amplas. O CFO não deve operar isoladamente, mas sim integrar-se com o CEO, CTO, CMO e outros líderes para garantir que as estratégias financeiras estejam em sintonia com a visão e missão globais da empresa.

Essa sinergia cria uma abordagem coesa na busca de oportunidades de crescimento e superação de desafios. A colaboração interdepartamental permite que o CFO entenda melhor as dinâmicas de cada área funcional, enriquecendo a visão estratégica e garantindo a efetividade das estratégias financeiras.

A visão estratégica do CFO é aprimorada pela utilização de análises avançadas e tecnologias emergentes. A implementação de ferramentas analíticas sofisticadas e dados permitem uma compreensão financeira mais profunda, facilitando a identificação de padrões, tendências e oportunidades.

A análise preditiva e a modelagem financeira avançada capacitam o CFO a antecipar cenários futuros, tomar decisões proativas e mitigar riscos. Ao incorporar essas ferramentas no processo de planejamento financeiro, o CFO não apenas analisa o desempenho passado, mas também antecipa desafios e oportunidades futuras. Com uma visão estratégica, a empresa é posicionada para enfrentar incertezas com resiliência, adaptando-se às mudanças do mercado de maneira ágil e informada.

Outro tema de extrema relevância é a gestão de riscos financeiros. Como responsabilidade central do CFO, devemos identificar, avaliar e mitigar riscos que possam impactar negativamente a saúde financeira da empresa. Isso inclui riscos relacionados a flutuações cambiais, taxas de juros, crédito, liquidez e outros fatores que possam influenciar diretamente nossas operações e resultados financeiros. Ao implementar estratégias de mitigação de riscos, como estruturas financeiras sólidas, diversificação de investimentos e instrumentos financeiros adequados, controles, asseguramos que a empresa esteja preparada para enfrentar desafios inesperados, mantendo a estabilidade financeira.

Controle e conformidade com regulamentações e normas é vital para preservar a reputação da empresa e manter a confiança dos acionistas. O CFO desempenha um papel central na garantia de que todas as operações financeiras estejam em conformidade com as leis, regulamentos setoriais e normas contábeis.

Implementar controles internos robustos, avaliações periódicas de conformidade e treinamentos contínuos para a equipe financeira assegura que cada transação seja realizada com integridade, transparência e em estrita observância das regras estabelecidas.

A governança corporativa eficaz é um pilar essencial da liderança financeira responsável. O CFO desempenha um papel vital na criação e implementação de políticas que promovam transparência, prestação de contas e equidade. Essas práticas fortalecem a estrutura de decisão e aumentam a confiança dos investidores e demais stakeholders.

Estabelecer comitês de auditoria, mecanismos de prestação de contas e políticas claras de divulgação para garantir que todas as decisões estejam alinhadas aos interesses da empresa e de seus acionistas.

A transformação digital e a adoção de tecnologias inovadoras são essenciais para otimizar processos financeiros. O CFO moderno lidera a implementação de sistemas avançados que automatizam tarefas rotineiras, reduzem o risco de erro humano e melhoram a eficiência operacional.

A análise de dados tornou-se uma ferramenta valiosa na tomada de decisões financeiras. Utilizamos dados para obter insights mais profundos sobre o desempenho financeiro, identificar tendências e antecipar possíveis riscos. Isso não apenas informa nossas decisões, mas também aprimora a eficiência operacional, promovendo uma abordagem mais proativa e orientada por dados.

A transformação digital trouxe consigo desafios, incluindo a necessidade de adaptar processos e competências à nova realidade. Como CFO, lidero a equipe na aquisição de novas habilidades, na integração de tecnologias emergentes e na superação dos desafios inerentes à transformação digital.

O CFO Moderno é desafiado a encontrar o equilíbrio certo entre impulsionar a inovação e garantir a conformidade com regulamentações em constante evolução. A introdução de novas tecnologias, como inteligência artificial e automação, traz oportunidades de eficiência e requer uma compreensão aprofundada das implicações regulatórias.

Trabalhar em estreita colaboração com os departamentos jurídico e de conformidade para garantir que as iniciativas inovadoras estejam alinhadas com os padrões éticos e legais. A busca por inovação é uma prática que prioriza a integridade e a conformidade.

O CFO moderno e bem-sucedido é moldado pela influência de todos ao seu redor em um espectro de 360 graus: seja pelo gestor, pela equipe, pelos pares e pelos colegas. Todos desempenham um papel fundamental, e todas as experiências e desafios contribuem para a formação desse profissional essencial em todas as empresas.

O CFO moderno não é apenas o líder financeiro de uma empresa; é um profissional moldado e influenciado por uma rede complexa de interações e experiências. Essas interações ocorrem em múltiplos níveis, abrangendo desde a equipe direta até os colegas de outras áreas e os stakeholders externos. Através dessa relação, o CFO é capaz de aprender, crescer e expandir suas habilidades de liderança e gestão.

A equipe que trabalha em conjunto com o CFO desempenha um papel crucial em seu sucesso. Composta por profissionais talentosos e dedicados, essa equipe não se limita exclusivamente à execução das tarefas financeiras diárias. Ela colabora ativamente, desafia constantemente o CFO e o inspira a alcançar novos níveis de excelência.

Os pares do CFO em outras áreas da empresa oferecem uma perspectiva única e complementar. Ao interagir com colegas de marketing, operações, tecnologia e outras áreas, o CFO ganha insights valiosos sobre o funcionamento da empresa como um todo e como as decisões financeiras se encaixam na estratégia geral.

Além disso, os colegas de outras empresas e os parceiros de negócios também desempenham um papel importante na formação do CFO. Através de redes profissionais, conferências e colaborações, o CFO tem a oportunidade de trocar ideias, aprender com as melhores práticas do setor e expandir sua visão de mundo financeiro.

Em resumo, o CFO moderno é um produto de sua rede de relacionamentos e experiências. É através dessas interações dinâmicas e diversificadas que o CFO se torna um líder financeiro eficaz e valorizado, capaz de enfrentar os desafios complexos do mundo empresarial atual.

Quando decidi escrever este livro, um dos meus objetivos mais latentes era contribuir com os profissionais que exercem essa função de grande responsabilidade nas organizações: o CFO. Questionei-me sobre os conhecimentos e orientações que gostaria de ter recebido no início da minha jornada profissional. Essas inquietações me guiaram até aqui, e concluo este livro desejando que ele seja uma ferramenta capaz de agregar aprendizados que impactem seu cotidiano. Espero que a leitura tenha sido reflexiva e inspiradora para atuais e futuros CFOs.

Referências Bibliográficas

G4 EDUCAÇÃO. O que faz um CFO? Disponível em: https://g4educacao.com/portal/o-que-faz-um-cfo. Acesso em: 09 out. 2023.

INSPER. Os diretores financeiros (CFOs) que atuam no país são homens (87% do total), diz estudo. INSPER, 31/08/2023. Disponível em: https://www.insper.edu.br/pt/noticias/2023/8/80--dos-cfos-que-atuam-no-brasil-tem-pos-graduacao. Acesso em: 25 set. 2023.

MCKINSEY. Existem 4 perfis distintos de CFO, cada um deles alinhado com diferentes prioridades e desafios empresariais, são eles: Especialista, Generalista, Líder de Desempenho e Campeão de Crescimento. Diz estudo realizado pela consultoria McKinsey. Disponível em: https://www.mckinsey.com/capabilities/strategy-and-corporate-finance/our-insights/todays-cfo-which-profile-best-suits-your-company. Acesso em: 01 out. 2023.

PUCRS. Diversidade e inclusão nas empresas. Disponível em: https://www.pucrs.br/blog/diversidade-e-inclusao-nas-empresas/. Acesso em: 11 nov. 2024.

POLITIZE. Diversidade e inclusão no mercado de trabalho. Disponível em: https://www.politize.com.br/diversidade-e-inclusao-no-mercado-de-trabalho/. Acesso em: 09 nov. 2023.

Sobre a Brasport

Há 29 anos, a Brasport é referência em publicações de tecnologia, gestão e carreira.

Nosso catálogo, disponível em www.editorabrasport.com.br, é composto por obras que você encontra tanto em livrarias físicas, como na Amazon e em eventos especializados.

Além disso, nossas publicações estão acessíveis em uma plataforma digital que alcança 4 milhões de assinantes, distribuídos em 900 universidades e empresas.

Quer se unir a essa trajetória de sucesso? Entre em contato conosco pelo e-mail: administrativo@brasport.com.br.

administrativo@brasport.com.br

29 ANOS BRASPORT TRADIÇÃO & INOVAÇÃO